# 体育教师教学专业发展新视角

何 雪 王晓菲 黄 茜 主编

吉林文史出版社

图书在版编目（CIP）数据

体育教师教学专业发展新视角 / 何雪, 王晓菲, 黄茜主编. -- 长春 : 吉林文史出版社, 2021.9
ISBN 978-7-5472-8111-6

Ⅰ.①体… Ⅱ.①何… ②王… ③黄… Ⅲ.①体育教师 – 师资培养 – 研究 Ⅳ.①G807

中国版本图书馆CIP数据核字(2021)第192438号

TIYU JIAOSHI JIAOXUE ZHUANYE FAZHAN XINSHIJIAO

| | | |
|---|---|---|
| 书　　名 | 体育教师教学专业发展新视角 | |
| 作　　者 | 何　雪　王晓菲　黄　茜 | |
| 责任编辑 | 王丽媛 | |
| 封面设计 | 白白古拉其 | |
| 出版发行 | 吉林文史出版社有限责任公司 | |
| 地　　址 | 长春市福祉大路5788号 | |
| 网　　址 | www.jlws.com.cn | |
| 印　　刷 | 北京四海锦诚印刷技术有限公司 | |
| 开　　本 | 185mm×260mm　16开 | |
| 印　　张 | 9.625 | |
| 字　　数 | 228千字 | |
| 版　　次 | 2022年8月第1版　2022年8月第1次印刷 | |
| 定　　价 | 48.00元 | |
| 书　　号 | ISBN 978-7-5472-8111-6 | |

# 前　言

在教育改革已成为常态的当代社会里，专业发展既是提升教师自身专业性的基础前提，也是推动学校变革的关键环节。体育教师的专业发展同样是一个不容忽视的重要问题。在人类体育文化的发展进程中，体育教师充当着继承者、传播者、研究者和引导者的角色，承担着促进学生身心健康发展的历史使命。体育教师如果没有专业上的成长和发展，其历史使命便无法履行和完成。而传统的培训模式仅注重有计划、有组织地"自上而下"被动提升教师专业水平，由于忽视了教师主体性的存在、忽视了教师对自身的激励、忽视了教师的自主性和自我发展，最终使得体育教师专业发展动力不足，发展进程缓慢而沉重。

基于此，本书试图以体育教师教学为主线，探究体育教师专业发展的真实意蕴，提出体育教师专业性发展的路径与策略，在实践上为体育教师的成长和发展开辟一条道路，为体育教师自觉提升自己的专业素养提供方法论的指导。本书共六章，主要内容包括绪论、体育教学的内容与功能、体育教师专业发展的标准与进程、体育教师专业发展的内容、体育教师教学专业发展的路径以及体育教师教学专业发展的创新。

在本书编写过程中，笔者参阅了大量的参考文献，引用了许多一线教师的案例，特向各位作者致以诚挚的谢意！

由于笔者水平有限，加之编写时间仓促，书中内容难免存在疏漏与不足，敬请各位专家和读者批评指正！

编　者
2021 年 7 月

# 目  录

# 第一章 绪 论

## 第一节 我国学校体育教育基础

### 一、体育教学概念分析

"美是必要的，快乐是必要的，爱情也是必要的，但一切都应有健康的基础。""身体是革命的本钱。"这两句话都出自名人之口。短短的两句话写出了具有强健体魄的重要性，而强健体魄与体育是分不开的，那么究竟什么是体育呢？可能有人会说就是对身体的锻炼与教育。其实不仅仅如此，体育作为一种文化现象有着悠久的历史，随着社会的发展，它已成为文明的组成部分，是世界文化百花园中的一朵奇葩。体育的概念也是随着社会的发展而发展的，它包括广义体育和狭义体育。广义体育是体育运动的同义词，主要包括学校体育、群众体育、竞技体育。但是它们三者的根本任务都是增强人民体质、提高运动技术水平、丰富人民文化生活、为社会主义建设服务。狭义体育是学校教育的重要组成部分，它主要是通过体育课、课外体育活动，运用多种多样的身体练习手段，全面发展学生身体素质，与学校智育、德育等互相配合，共同促进学生素质的全面发展。

### （一）体育教学是一门学科

随着我国体育教学的不断发展，现代体育教学中的内容主要包括三个方面，分别为教学任务、教学目标和教学内容。我国学校教育的结构框架中，体育教学是一门特殊的学科，主要是培养学生的体育兴趣，锻炼学生的运动能力，提高学生的身体素质，与德、智、美、劳等组成合理的教学内容，使得学生的综合能力得到更好的发展。现代体育教学形式以课程讲解为主，其主要目的是提高学生的身体素质和身心健康，同时促进学生的德、智、美三方面全面发展，这样才能有效保证教学目标的可行性。体育课程教学的概念更加侧重于体育运动知识与技能的学习与掌握，但在学生对体验和参与体育运动的认识、情感与社会适应等方面没有给予充分关注。

### （二）体育教学是教育的组成部分

当代体育教学中，体育教师在教学中占据着主导地位，一切体育活动都是在教师的指导下进行的，学生通过学习各种学科的知识，不断提高自身的综合素质，组织更多有计划、有目的、科学合理的健身活动，配合德、智、美等方面的课程，共同促进学生身心的全面发展。

### （三）体育教学是活动

体育教学实质上是一种体育相关活动的组合，我国一些研究学者通过研究调查，提出了相同的看法："现代体育教学是一种有组织、有计划的能够促进学生在运动认识、体育技能、个人情感等方面和谐发展的活动。"在现代体育教学中，使学生熟练掌握理论知识已经不是主要教学目的，要将理论与体育活动相结合，这样才能更好地促进学生的全面发展。其实，现代体育教学是在参与体育活动的基础上，不断学习体育活动中相关的运动技能，达到运动技能的标准，是体育感受体验的积累。

## 二、体育教学的要素构成

体育教学并不是简单意义上的娱乐活动，也不是随意、无计划的教学活动。体育教学活动是由多种组成要素构成的，开展活动时要以科学、合理的理念来进行。现代体育教学模式中，教学活动的组成要素主要包括八个方面，分别是体育教师、学生、教学环境、教学目标、教学内容、教学过程、教学方法和教学评价。图1-1为体育教学的要素构成图。

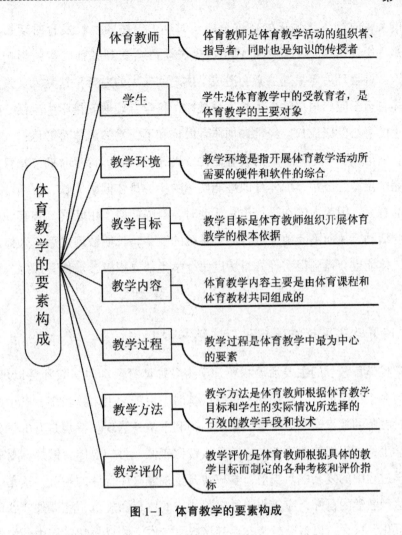

图 1-1 体育教学的要素构成

## 三、体育教学的特点

### （一）学生要自觉而积极地锻炼身体

体育教学要结合体育课的特点，针对学生的具体情况进行。学校的体育课，要始终贯彻三项基本任务：增强学生的体质，使学生掌握相关的体育技能，同时也要注重学生思想品德的教育。根据学生的特点，有计划、有目的地教育学生自觉地参加体育锻炼，同时要注意生动活泼，但更要注意严格训练，严格要求，培养学生锻炼身体的习惯，振奋学生的精神，使学生具有健壮的体魄和良好的精神风貌。

### （二）按照学生的正常生长发育和身体机能的发展特点进行教学

青少年时期是一个人的黄金时代，同时也是决定一个人一生的性格、体质、心理、智力发育水平的关键时刻。学生正处在这个成长时期，人体的生长发育时期长达 20 多年，在此期间它是一个连续统一的发展过程，在生长阶段会受到各种因素的影响，如饮食营养、人体基因、社会环境等，这势必会造成个体之间较大的差异，这是人类发展过程中必然的现象。体育教学应当根据学生生长发育规律，科学合理地安排学生生活、学习和体育锻炼，使学生的身心健康成长。经常参加体育锻炼和不经常参加体育锻炼，人的生长发育是不相同的。一般在少年时期，人的发育是比较迅速的。到了青年时期，发育虽然有所缓慢，但尚未完全定型。经常参加体育锻炼能使青少年的身体健康成长，不断增强体质，具有十分重要的意义。因为人体在进行体育活动时，新陈代谢作用旺盛，各有关的器官系统都积极地参与活动，从而不断地促进各器官系统的发育。长期锻炼之后，人体的肌肉会发育得很强壮，体能也会得到很大提升，所以每个学生都要积极参加体育锻炼，使体质不断增强。

### （三）体育教学过程的组织工作比较复杂

操场是学校体育教学的主要活动场所。学生参加体育活动时，教师会以班级为单位，有时也会分为多个小组进行。在操场上进行锻炼时，由于学生人数较多，学生的活动区域比较分散，对教师的教学会产生一定的影响，不利于统一管理。特别是有的学校在进行体育锻炼时，学生的组织纪律性比较差，其积极性比较低，再加上体育锻炼器材的不足，大大增加了教学过程中的复杂性。当前，学校普遍重视建立体育课的规范，这是一条很好的经验。为了达到教学的目标，应该制定和完善相应的体育课规范，将课外实践的体育活动制度化、规范化，这样可以帮助教师有序开展教学工作。体育教学过程中，组织工作是非常重要的一个环节，它能够保障教学活动顺利进行，然后根据学生年龄、性格特点、场地条件和气候环境等因素来实施教学，从而彰显出"活而不乱、严而不死"的特点，使整个教学过程有秩序、有条理地进行。

### （四）提高学生对自然环境的适应能力

有机体与周围环境有着不可分割的联系。有机体与环境统一的主要表现之一，是其对生存条件的适应。体育课和课外体育活动，在一般情况下，应在室外进行，逐步提高学生对自然寒暑条件的适应。要教育学生积极地到户外参加体育锻炼，要在教师的指导下，接受一定时间的日光照射，使皮肤的色素增加，这不仅从外观上给人以健美的感觉，更重要的是色素可保护身体的深部组织免受日光过度照射的损害。我国有句名谚：冬练三九，夏练三伏。这就说明我们不能做温室里的花朵，要做经得起风吹雨打的劲松。

（五） 通过体育锻炼对学生进行思想教育

通过体育教学能够提高学生的思想品德，在教学过程中要分析体育教材的特点，结合一些真实例子，向学生展示生动的教材内容，并通过体育活动进行正确的思想品德教育。

"德智皆富于体"，有了健康的身体，才能以旺盛的精力、顽强的斗志去学习和工作，促进德、智、体的全面发展。一切重智育轻体育和重体育轻德育、智育的思想和做法，都是对我国教育方针的错误理解，都是片面的。为此，在贯彻教育方针，开展体育运动的同时，要关心学生智育的发展，提高他们的思维与理解能力，并把思想教育渗透到体育教学的每一个环节中去，培养学生的道德品质，使学校教育在德育、智育、体育三方面统一起来，发挥相辅相成、相互促进的作用，从而使学生身心得到全面发展。

# 第二节 体育教师队伍建设与专业发展理论

## 一、体育教师队伍建设概述

### （一） 国外体育教师培养的历史演进

体育进入学校已历经 200 多个春秋。近 60 年来，世界各国对青少年健康的关注使学校体育教育事业蓬勃发展，出现前所未有的繁荣。为系统了解体育教师队伍建设状况，有必要对国外体育教师培养的历史演进进行回顾与概述。国外体育教师培养可以分为发端、发展与深化三个阶段。

1. 体育教师培养的发端

体育教师培养的兴起和发展，有一个历史过程。为了准确地定位学校体育事业的发展，我们对国外体育教师培养的历史演进进行一个科学的梳理。

体育教师培养是社会文明进步的产物，是随着经济社会发展到一定阶段以及人类对自身认识的深化而出现的。近代意义上的体育教师培养，始于 18 世纪产业革命的兴起，随着工业的发展、生产技术的日益复杂以及人类对身体的关注加深，人类生命历程中的受教育发展阶段日益彰显，把体育教师培养作为特定研究对象的学校教育研究逐渐兴起。

体育师资培养始于何时，最早可以追溯到文艺复兴运动时期。在文艺复兴运动处于高潮的时期，欧洲爆发了宗教改革运动。新教提出了文化知识与身体并重的教育主张，并开办新学校进行实践，赢得了民众的广泛支持。有意思的是，抵制宗教改革运动的"耶稣会派"，为了夺回因宗教改革而失去的教育独占权，不惜花费经济力量，到处开办耶稣会学校。为了赢得民众，他们适应时代风尚，注重提高师资水平，在教学中"也重视体育的实施"。旧教的办学活动，客观上也促进了学校体育的发展①。

初始的体育师资培养，同各国陆续开办的一些体育师范学校几乎是同步发展，故而重点多为关注开设的体育实践课和体育理论课。诸如丹麦体操师范学院（1804 年）、文职体育教师学校（1808 年）、体操师范学校（1828 年），瑞典皇家中央体操学院（1814 年），法国儒安维尔军事体育师范学校（1820 年）。这些学校除了开设体育实践课和体育理论课，还陆续开设了解剖、生理等课程，从而进一步促进了各学科知识的逐步深化和体系化，同时也显示出学校体育的科学化趋势②。美国也是较早开始解决体育师资问题的国家。1861 年，美国德式体操联盟创办了美国第一所体操师范学校。同年，刘易斯（1823—1886）创建了体育教师讲习会，开设了解剖学、心理学、卫生学等有关课程，还开设了体育教学法课。

从历史上看，体育教师培养制度绵延两个多世纪，关注人的发展是把体育教育纳入学校教育的根本动因，社会文化经济的变迁是合理开展体育教师培养的前提。

2. 体育教师培养的发展与深化

20 世纪初期，爆发了第一次世界大战。由于该战争的影响，战后各国从不同的角度出发，都很重视学校体育。学校体育指导思想发生了变化，其中以美国的"新体育"学说和奥地利高尔霍菲尔（1885—1941）的学校体育改革最有影响。"新体育"学说是在实用主义教育学说和卢梭自然教育思想的基础上，由美国学者托马斯·伍德和赫塞林顿提出的体育理论，它也被称为自然体育学说。该理论认为，体育是通过身体进行的一种教育活动，"体"字意味着整个肌体的活动，而并不只有智力才是教育的手段。教育既不是单为身体，也不是只为精神，而是要发展因教育活动而实现的人类的一切能力。体育应包括机体教育、神经肌肉活动教育、品德教育和智力教育四个方面。实用主义教育理论和"新体育"学说，带来了体育教育理论与实践的一场革命，促进了体育的科学化和社会化，促进了对儿童身心发育规律和体育教学过程的研究，它的许多观点至今仍很有现实意义。但它过分强调儿童的兴趣和自由，导致了体育教学组织的松散，也不利于学生系统地掌握体育知识

① 朱峰，宁雷. 21 世纪体育教师 [M]. 沈阳：东北大学出版社，2009.
② 张德福，崔永智. 外国体育简史[M].北京：人民日报出版社，1993.

和技能①，在多国形成了以"新体育"为目标的教育格局。它强调体育育人的教育目的，认为体育是通过身体的运动来教育人，谋求达到教育的目的。这种教育主要是培养社会行为、道德标准和民主精神，以及基本生活技能和善用余暇与娱乐等。它推崇自然活动，主张应尽量采用符合儿童本性的游戏、舞蹈、竞技运动和野外活动等作为体育的手段。由此可以说明，体育责无旁贷地进入了学校教育理论建设的视野，并在此思想指导下，把体育师资培养不断推向深化。其主要表现在以下三个方面。

第一，体育专业院校成立，标志着大规模体育教育的开始。体育院校由来已久。国外体育院校在 18 世纪开始创建，根据美国戴尔·古德的《康普顿百科全书·文化与体育卷》，"18、19 世纪体育课的复兴标志着大规模体育教育的开始。1829 年哈佛大学建立了美国第一个大学体育馆。1893 年该校成为授予体育学位的第一所大学，许多大学公布了入学要求，成立了入校学生选拔委员会，其重点放在运动参与上，还对体育训练和水上运动给予辅导。"②

1861 年，迪欧·路易斯博士（1823—1886）在波士顿创办了美国第一所体育师范学校，其培养目标为体育师资，开始了美国的高等体育教育，成为最早推动体育师资训练的真正动力。他后来又创立了布鲁克林体育师范学校、萨维基体育学校、波士顿体操师范学校等。其他的大学也开始提供师资培养计划，如奥伯林学院、斯坦福大学、加利福尼亚大学等，而且体育师资的培养也逐步正规化、系统化。

很多研究人员对 21 世纪美国基础教育发展的特点和需求进行了研究。此后，一批具有私立性质的体育学校成立。如：1866 年，美国体育联合会设立体校；1886 年，美国基督教青年会国际体育训练学校（春田学院）和新海文体育师范学校成立；1890 年，芝加哥青年会体育教育学校和波西尼逊体校成立；等等。此时，这些学校主要开设矫正体育教育、人体诊断、运动力学等课程。体育实践课则配上音乐伴奏，有声乐训练、行军方法、器械操作、女子美姿体操、矫正体操、教学法及各项体育运动。1900 年以后，国立院校也开始承担体育教师的培养任务，据统计数字表明：1902 年，美国已有 16 所公、私立院校在招收体育专业学员，到 1914 年，共有 24 个教育机构在对 2800 名学员进行职业训练。因此，当时美国的体育师资培训工作在世界上已名列前茅③。

20 世纪初，美国高等体育院系迅速发展。由于州立和教会大学开始设置授予文学学士

---

① 朱峰，宁雷. 21 世纪体育教师[M].沈阳：东北大学出版社，2009.
② [美]戴尔·古德. 康普顿百科全书[M].中国商务印书馆美国康普顿知识出版社，2005.
③ 张德福，崔永智. 外国体育简史[M].北京：人民日报出版社，1993.

或科学学士学位的体育专业系科以后，私立师范学校的重要地位下降。到 1933 年，美国全国已有 30 多所大学设置了体育研究部。第二次世界大战后，美国体育院系的数量猛增，有许多大学初次创办了体育系科，1950 年有 400 多所高等院校创办了体育系，到 1955 年上升到 532 所。战后美国还大力发展体育专业研究生教育，20 世纪 70 年代以来美国学校注册人数迅速减少，同时带来包括体育在内的对各科教师需求的减少，美国体育师资供大于求。到 1990 年美国已有 700 多所大学提供本科体育教育计划，285 所大学设有硕士课程，85 所大学设有博士课程。今天，美国的高等体育院系已形成了以大学本科和研究生教育为主体的培养体系。

第二，科学制定学校体育教育制度，提高体育师资的质量。第一次世界大战后，苏联社会主义的学校体育迅速发展。苏联建立了一种新的体育教育制度，这种制度的基础就是根据科学制定出来的"准备劳动与卫国"综合体育制度，苏联政府自 1931 年起就实行了这种制度。劳卫制的推行和实施大大推动了苏联体育教育的发展。我国于 1955 年 5 月 4 日发布了"'准备劳动与卫国'体育制度证章、证书的通告"，为其后建立起来的社会主义国家的学校体育的发展提供了丰富的经验。

日本在 1968 年颁布的《学习指导纲要》中规定，学校体育的目标为：促进学生体力发展，保持和增进学生健康①。

进入 20 世纪 70 年代，由于欧美国家社会娱乐活动急剧发展，且经教育改革后，体育已被列为学校的必修课程，社会体育和学校体育都急需受过专门训练的体育师资。然而，19 世纪前期各国为数不多的体操师范学校的毕业生已经供不应求。而且，他们所掌握的体操知识，也不能满足群众和学生对新的运动形式的需要。因此，解决体育师资的严重短缺问题，并提高体育师资的质量，已成为 20 世纪 70 年代欧美体育界的重要任务。

根据体育教育指导思想，各国明确提出了学校体育目标，积极探索建立与社会发展相适应的体育教师培养制度体系、工作体制和运行机制。

第三，制定专业标准，成立专门机构。一是美国在师范的修业年限上由以往的修业 2 年渐增至 4 年。少数州规定中小学教师必须修业 5 年，各州的普遍趋势是尽可能把师资培训的年限由 4 年延长为 5 年。法国从 1986 年起将师范学校学制再延长 1 年，为高中毕业后培训 4 年。前两年在大学学习，准备大学普通文凭考试，通过竞试者进入师范学院再培训 2 年。二是严格教师资格审定，确定教师地位。1986 年关于改革美国师范教育的两份报告一致建议：建立三级教师职称制度，并成立一个全国性的教师资格审定组织，以结束长期

---

① 朱峰，宁雷. 21 世纪体育教师[M].沈阳：东北大学出版社，2009.

以来各地区标准不一的状况。三是重视提高教师的社会地位和经济待遇。在美国，各地区为了使教师职业更具有吸引力，提高教师的平均起点工资，建立中小学教师职称制度，使中小学最有能力、最有经验的教师都能获得大学正教授的报酬，同时还要求改革师范教育，提高培养师资的质量。四是抓紧教师的在职进修。法国的《继续教育法》中规定：教师在服务一定年限后，可以享受一定时间的进修假，每个教师每年都有权享受学习进修假2周，教师一生总计有学习进修假2年。1972年英国的教育白皮书宣布：新教师至少用五分之一的时间进修；正式教师连续工作满7年者，可带薪进修一学期。为了保证教师在职进修顺利发展，许多国家专门拨款来支付教师在职进修的费用。[①]

1997年，全美运动与体育协会就全国体育教师发展问题制定了明确的标准和纲要。这项标准和纲要已成为全美运动与体育协会制定基础体育大纲的构思框架。它为衡量初级教师的准备情况提供了相应的专业标准。其主要内容包括要求教师具备广博的知识，知晓学习者成长的发展规律，能区别对待、因材施教，善于运动的管理，激发学生的学习动力，学会交流，公正客观，准确地评定学习者，自我诊断、谋求发展，善于合作等诸多方面。美国为了提高体育教师的水平，专门设立了执行教育与训练的机构。主要有大学、学院、地方教育行政组织及教师团体。大学与学院除负责职前养成教育外，仍提供学分课程，以供中小学教师选修有关学科，以获得学分、学位；而地方教育行政组织提供和评估教育方案、辅导学校，发现问题，了解教师的需要，随时提供在职训练的机会。教师团体则基于本身的需要，经常举办研讨会，以充实各学科的新知识，改进教学方法。[②]

以上是关于国外体育教师培养与发展的历史轨迹。考察和分析这一轨迹，我们可以清楚地看出，学校体育指导思想是强大的动力，机制建设一直是体育教师培养的重点。不过，不同时期体育教师培养的重点是不同的，我们在推进体育教师队伍建设时，应牢牢把握这一点。

### （二）我国体育教师队伍建设概述

体育教师队伍建设是学校根据人才培养规格和事业发展规划，为培养、培训和构建适应办学需要的体育教师队伍所进行的一系列工作。它不仅指体育教师队伍建设中的某项单一工作任务，而且包含体育教师的选拔、组合、培养、考核、任用与调整等各个方面。因此，学校体育教师队伍建设具有极其丰富的内涵，同时还具有极其重要的现实意义和战略

---

① 程方平. 国外教师问题研究[M].沈阳：沈阳出版社，2000.
② 刘坚. 21世纪初美国基础体育师资培养标准的研究[J].北京体育大学学报，1999（12）：66-68.

意义。所以，体育教师队伍建设的作用和意义引起了各级政府高度重视。新中国成立后，为了适应教育事业和体育事业发展，体育教师队伍也不断发展壮大。到21世纪，我国体育教师培养制度经过了怎样的流变？笔者尝试以时间为序，对我国体育教师培养制度进行一个大致的梳理。

1. 我国体育教师培养制度的创建

自文艺复兴运动以来，体育发挥的是工具性作用，即为国家的政治和军事服务，沿着两个方面逐渐走向深入。在欧洲漫长的中世纪中，封建神学对体育的排斥以及中国长达两千多年的封建社会中独尊儒术与重文轻武思想的流行，使得体育发展的空间狭小，体育在某些特定历史时期的勃兴也更多地局限于军事领域或出于统治阶级对政治和军事的需要，没有形成专门的体育教育工作者。体育文化蕴含于其他社会活动中，并以一种自然、朴素的方式传递，当时的体育教育具有鲜明的经验化和随意化特征。①

我国体育教师培养制度以体育院校建立为标志，起步较晚。根据陈荫生、陈安槐的《体育大辞典》记录，我国最早的体育院校为大通学堂，初名大通示范学堂。该学堂清光绪三十一年（1905年）九月由徐锡麟、陶成章创建于浙江绍兴，1907年2月改名"大通体育学堂"。四川高等学堂附设体育学堂，清光绪三十二年（1906年）初由四川提学使司创建于成都，专门培养教学体操教习。再到后来的四川体育专门学堂（1906年）、河南体育专科学堂（1907年）、成都体育学堂（1907年）、中国体操学校（1908年）、中国女子体操学校（1908年）、北京师范大学体育系（前身是1917年设立于北平师范大学的体育专修科）等一批早年的体育院校。再到延安大学体育系（1941年）。新中国成立后，随着教育、体育各项事业的发展，迫切需要培养体育教师和其他体育人才。因此，在学科设置上，除设置少数四年制本科外，主要开办了两年制专科。同时吸取老解放区培养干部的传统经验，开办体育干部培训班。后来又创建了中国人民解放军体育学院（1953年）、中央体育学院（1953年）、北京体育师范学院（前身为北京市体育学校，1956年）、天津体育学院（1958年）等现代体育院校②。

体育院校是作为我国体育教师培养制度而存在的，在新中国成立后发展迅速。我国体育教师培养制度具有复杂性和稳定性。

2. 我国体育教师培养制度的发展

20世纪60年代后，教育部制定《教育部直属高等学校暂行工作条例》。1977年高考

---

① 黄爱峰. 体育教育专业的发展与改革[M].武汉：华中师范大学出版社，2008.
② 陈荫生，陈安槐. 体育大辞典[M].上海：上海辞书出版社，2006.

恢复后，国家体委先后下发《关于认真办好体育学院的意见》《关于大力提高教学质量，充分发挥体育学院在发展我国体育事业中的作用的通知》《体育学院体育系教学计划》《体育学院学生学籍管理的暂行规定》。随着这些文件的贯彻落实，高等体育教育事业出现了许多新气象。20世纪80年代初，国务院学位委员会成立，标志着我国高等体育教育达到一个新的水平。中国现有的中等体育运动学校和高等体育院校两个层次是体育教师培养制度的主体。

第一，中等体育运动学校。中等体育运动学校是培养中等体育人才的专业学校，经国家体育总局和所在市教委批准，为发展我国的体育教育事业，适应经济建设和社会发展的需要，学校任务是培养高水平竞技体育人才、高素质的中等体育师资和社会体育指导员以及为体育院校输送优秀的后备人才。

目前这类学校大多数设在经济比较发达的城市地区，学生在校期间，将系统学习高中基础文化课程、体育专业基础课程、专项技术及理论。一般学制为3年，大部分学生毕业后直接就业，也有学生可以继续升学，进入高等体育院校和普通高等学校。中等专业学校是新中国成立后，在接管并改造原有的高级职业学校的基础上逐步建立和发展起来的中等职业学校，现在主要招收初中毕业生，学制多数为3年，个别为5年。中等专业学校8种专业，主要有工科、农科、林科、医科、师范、财政、体育、艺术，体育是其中之一。随着对教师学历要求的提高，原来以培养小学和幼儿园教师为主的中等师范学校已逐渐停办，或改组合并或升格为高等师范学校。

第二，高等体育院校。体育院校是高等教育的有机组成部分，是高等教育链条中的重要一环，在高等教育结构体系中有着独特的作用。为进一步加强体育教师队伍建设，提高高等学校体育教育专业的教育、教学质量，促进高校体育教育专业的改革与发展，根据我国体育教育的办学情况，设有本科体育教育专业的高等学校（体育院校、综合性大学、师范院校）。

华中科技大学陈宁博士2005年博士论文《高等体育院校办学特性和模式的研究》比较翔实地介绍了我国高等学校中体育院系产生的历史。将高等体育院校发展的50年大体划分为七个阶段：第一阶段为高等体育院校的创建（1950—1955）；第二阶段为高等体育院校的独立探索（1956—1960），第三阶段为高等体育院校的调整（1961—1965），第四阶段为高等体育院校遭受冲击（1966—1976），第五阶段为高等体育院校的新开端（1977—1985），第六阶段为高等体育院校的新探索（1986—2000），第七阶段为高等体育院校的新发展（2001—）。① 世纪之交，中国高等院校的管理体制进行了重大调整，高等体育院校作为特殊类型的学校，仍然保持了独立的建制。从管理体制情况看，我国高等体育院校分为中央部委和地方政府管理。具体地讲，包括国家体育总局管理的院校 1 所，国家体育总局与地方政府共建、以地方政府管理为主的院校 5 所，地方政府管理的院校 8 所，即"1+5+8"管理体制。这既是社会和体育事业发展的迫切需要，又是遵循高等教育规律办学的具体体现，也是对高等体育院校办学的肯定。从高等体育院校的创建，再到高等体育院校的新发展，实现体育教师培养改革的要求，反映了体育教师培养指导思想的深化。基于这些指导思想，每一时期探索实施的培养制度、规范开展培养工作、制定相关政策法规，都体现出了探索和深化的意识。

随着时代的发展，我国经济迅速发展，人民的生活水平也快速提高，物质文化生活条件日益改善，人们对体育的需求也愈来愈高。我国高等体育教育迅速发展，主要面向地区经济，满足社会对体育专业人才的需求。经过 60 多年的建设，我国体育教师队伍在规模、稳定性等方面都得到了明显加强。尽管体育教师队伍已有明显提升，但与体育发展的需要和增强我国青少年体质健康的需求仍有差距，同时师资的素质、结构仍有待完善，这都成为下一阶段体育教师队伍建设的重点。可以预见，随着我国高等教育的普及发展，新体育教师群体将不断扩大。

## 二、体育教师专业发展特点概述

### （一）体育教师的身心特点

比较体育学科与其他学科，体育教师是整个教师队伍中的一个特殊群体，体育教师的教学不仅是通过思维活动传授科学知识、技能，而且也是通过教学活动使学生进行各种身体练习，使肌体承受一定的生理负荷量，达到发展身体、增强体质的效果。黄镇敏（2005）将体育教师的劳动特点和体育教学过程的特点阐述为"由于体育教学对象的复杂性，体育教学活动的双边性，师生交往的多样性、复杂性，体育教学方法的多样性与综合性；学生在运动中学习掌握体育知识技能的特殊性、实践性和长周期性，以及体育教师良好品德形成的高要求与长期性等诸多特点，决定体育教师不可能短期在众多方面达到较高水平。只有在长期不懈的教学训练实践中经历不同特点、不断发展的几个阶段，才可能达到中小学优秀体育教师所具备的高尚情操、思想修养、广博扎实的知识技能以及高超娴熟

---

① 陈宁. 高等体育院校办学特性和模式的研究 [D]. 华中科技大学，2005.

的教育教学技巧水平"。① 所以，"体育教师的劳动具有'一育兼一科'的工作广泛性，校内外体育工作的多样性，对学生教育影响的全面性和室外工作的艰苦性"。② 其身心方面表现出明显的特征。

无论是制订体育工作计划、进行教学大纲编写还是使用教材以及组织课堂教学等方面，都离不开计划能力。教育、教学环境的变动不居，使得只有具有高度适应能力的教师，才能适应各种情况，正确处理各种问题；反之，一个缺乏适应能力的教师，在正常稳定的条件下可以处理问题，但在不断变化的条件下，就会感到束手无策，无能为力。在体育教学工作中，教师既要动脑，又要动手，手脑结合。因此，体育教师的示范能力、运动能力是搞好教学的必备条件。学校体育是一项探索性事业，体育教师不仅要有献身精神，还要有发现问题、解决问题，运用教学科研理论设计教学实验，进行教学改革的能力。只有具备教育科研能力才不愧为开拓型体育教师。

健康的体魄、健全的人格是构成体育教师职业素养的基础，也是他们顺利进行职业活动的重要条件。体育教师的职业特点，要求他们应有健美的体魄。健美的体魄包括健壮的体格和优美的姿势，表现出身体健康、精力充沛。体育教师健美的体魄本身就是一种感召力量，能吸引学生积极参加体育锻炼，从而有助于学校体育的开展。同时，健壮的身体也是体育教师胜任繁重体育工作的身体保证。③ 由于体育教师工作任务的多样性，工作对象的复杂性，教学过程及教学手段的特殊性，决定了体育教师的工作特点，即在体育教学过程中，不但要讲解理论知识和传授体育知识，还要对学生的实际运动技能进行培养，特别是针对学校有着不同年龄和身心发展特征的学生进行教学。

### （二）体育教师的职业心理素质

心理素质是一个人的性格品质、心理能力、心理动力、心理健康状况及心理因素的水平或质量的综合体，它们共同组成广义的心理素质的内在结构。各因素间相互联系，互为基础和条件。心理素质居于人的整体素质中心，其各方面分别构成其他素质发展的基础。④

体育教师职业心理素质是体育教师职业素质中的基本素质之一。体育教师职业素质结构体系由执教理念、职业心理素质、职业知识、职业能力素质、职业人格素质五个层面

① 黄镇敏. 中小学优秀体育教师的特征及影响因素的研究［D］. 江西师范大学，2005.
② 周登嵩. 学校体育学［M］. 北京：人民体育出版社，2004.
③ 王健. 学校体育学［M］. 北京：人民体育出版社，1994.
④ 肖汉仕. 心理素质的结构及其内外关系［J］. 中国教育学刊，1999（4）：26.

（子结构）构成。研究者黄丽娟（2012）研究了体育教师心理素质八大因素得分，按平均值得分的高低依次是：乐观，自信进取的人生态度，情绪调适能力，自我意志力与抗挫折能力，自我调节能力和广泛的兴趣和爱好，与其他体育教师的合作能力，对周围环境的适应能力，情感的稳定性，人际交往能力。①

　　无论体育教师出于什么样的需要和动机，他们对教师职业都具有一定程度的认同感。在体育教学工作的过程中，由于职业的特定要求、学校教育环境的影响和社会的反响，更因为谋生和发展的需要，体育教师受到有形和无形的制约，他们自觉或不自觉地检点自己，尽可能地适应外界的需要。在适应外界需要的过程中，他们不可避免地受到外界的评价。这些评价使他们意识到怎样扬长避短、怎样进取奋斗。随着自我调节的不断深入，体育教师的教师角色意识越来越强，教师职业的认同程度越来越高，教书育人不仅仅是谋生，而且还是一种乐趣、一种人生价值的追求。

　　体育教师对职业的认同程度增高，对体育教师的荣誉就特别珍惜。有研究表明：中学体育教师的职业认同是一个由价值认同、情感认同、能力认同、持续认同和投入认同五个因子构成的多维度结构；中学体育教师职业认同的总体水平较高，但在五个因子水平上并不均衡，其中价值认同因子上得分最高，持续认同因子上得分最低。处于职业生涯的不同阶段（年龄、教龄、职称）的中学体育教师，其职业认同的整体水平无显著差异，但是其内部结构要素和关注重点均不同，呈现出职业认同的阶段性特征。在适应期，情感认同高，能力认同、持续认同低，关注体育知识和技能的掌握和工作环境的适应上；在发展期，职业认同的维度均获得了一定的发展，关注教与学的过程，对知识和技能提出了更高的要求；在成熟期，投入认同和情感认同出现波动，更加关注教育理念的更新和对学生发展的影响；在专家期，职业认同的内部强度不仅高而且均衡，关注学生发展与教育理念的结合，追求个人、团队和国家事业发展的统一②。一般而言，体育教师渴望做出成绩，获得外界的肯定和赞赏。体育教师的职业心理是不稳定的，一部分职业体育教师的心理素质存在严重问题，主要有心理焦虑过重、信心不足、情绪欠稳定、不服气思想比较重、人际关系欠和谐等。这些问题应从体育教师自身内部干预和教育环境外部干预来解决。体育教师的职业心理是需要在不断激励强化的过程中加以引导的，是可以在引导的过程中得以完善的。

---

① 黄丽娟. 广州市中学优秀体育教师素质特征及培养研究 [D]. 广州大学, 2012.
② 周珂. 中学体育教师职业认同研究[J].河南大学学报, 2010：3.

### （三）体育教师专业成长规律

体育教师的成长是一个渐进而较长的过程。研究表明（王铁军等，2005）教师专业发展需经历入职适应期（18—25 岁）、成熟胜任期（25—35 岁）、高原平台期（35—45 岁）、成功创造期（45—55 岁）、退职回归期（55 岁—退休）。[1] 如果将体育教师专业发展的关键时期概括为岗位适应期、锻炼成长期、创新发展期三个时期，那么不同的时期可以反映不同的特点。

岗位适应期一般指体育教师刚参加工作 5~7 年的时期。不同的体育教师岗位适应期时间不尽相同。一般来说，在这个时期，体育教师需要完成从学生、运动员到体育教师职业角色的转换，熟悉学校教育工作，应用职前教育期间所掌握体育学科基础理论和知识、教学原理和方法，学科教学先进思想，联系体育教学实际，掌握各项常规教学要求之间的关系，具备一定的体育教学能力和水平，能够满足社会对体育教师工作成效的一般要求。

锻炼成长期是指体育教师工作 10 年左右的一段时间。一般来说，在这个时期，体育教师逐步完成角色转变，能够结合体育教学实际深入钻研本学科和相关学科理论，积极参加学校体育实践活动，有意识地提升自己的工作能力和水平，提高工作绩效，成为学校体育工作开展的主力军、学校体育工作的一名骨干力量。

创新发展期是指体育教师工作 10 年后至 35 岁这一段时期。在这段时期，体育教师要追求高境界思想，精通业务，在学科教学或学校教育管理方面独树一帜，成为一定区域内教育教学的学科带头人或体育优秀代表。研究者发现（黄镇敏，2005），中小学优秀体育教师的年龄分布范围较广，从 27~56 岁不同年龄均有分布，31~40 岁年龄段分布人数最多，平均年龄为 37.68 岁。[2]

体育教师成长的岗位适应期、锻炼成长期、创新发展期，这三个时期相互联系，互相促进。其中岗位适应期是开端、是基础，锻炼成长期是促进、是提高，创新发展期是飞跃、是标志。创新发展离不开锻炼成长的过程，锻炼成长要从岗位适应做起；岗位工作不适应，锻炼就没有针对性，没有针对性，锻炼就无价值，无价值的锻炼是不可能成长进步的；体育教师没有得到锻炼成长，创新发展就无从谈起。

---

[1] 王铁军，等. 名师成功：教师专业发展的多维解读[J].课程·教材·教法，2005（12）：70-78.
[2] 黄镇敏. 中小学优秀体育教师的特征及影响因素的研究[D]. 江西师范大学，2005.

# 第三节 体育教师教学专业发展的现实选择

## 一、传统体育教师教育的困惑

体育教师职业是一定社会发展水平的产物，它的产生是学校体育制度化的标志之一。体育纳入学校教育可以追溯到三千多年前的西周时期，但在当时的历史条件下，无论在东方还是西方都不可能产生专职的体育教师。1774 年，德国博爱派教育家巴泽多在德绍创建了第一所博爱学校，第一次将体育列入正式课程，同时也出现了近代最早的体育教师。体育教师职业是在学校教育发展的需要下产生的，因而不同时代的体育教师必然存在差异，并随着时代的变化而不断变化。在我国历史上，体育教师和"师父""旧军人""学监""教练""文人""艺人"等多多少少都有一些关系，社会和理论上对于体育教师职业特征这些各种不同的规定，使人们对体育教师的工作和角色提出了不同的具体要求，以及出现了不同的取向。学术界关于教师专业本质研究的基本取向是，希望建立一套客观而又具有普遍性的专业特质，并依据这些特质把教师专业和其他专业区别开来。

长期以来，理论上我们是用"教师基本素质"来标志这一特质的，然后根据这种基本素质开设一定的课程，设计一套培养这种特质的基本模式。总的来看，我们的体育教师职业框架属于社会期望的价值取向，问题是，整个职业框架抽象而缺乏实际的指导和标准，这种教师素质目标虽然是"好"的或"理想"的，但不一定是"合理"的，它与教师的教育现实距离遥远，难以内化为教师的人格；无法体现体育教师基本素质的个性化、情境化、日常化和生活化，将教师人格"神圣化"和"理想化"不仅不能促进教师人格的完善，而且还可能会导致教师人格的分裂。显然，我们要深入挖掘当前体育教师的角色特征以及知识结构，并将体育教师教育建构在科学的专业性基础之上。

在我国，体育教师培养还存在很多问题，其中有代表性的主要有两点：一是体育教育专业的组织形式问题。在我国，体育教育专业大多开设在师范院校、体育院校以及部分综合性大学及民族学院的体育院系，其培养目标都定位于体育教师。然而，在体育教育专业的课程设置与其实际的价值取向上存在巨大落差。体育教育专业课程体系中体现教师"师范性"方面的教育类课程不仅比重较低，而且往往不受重视。在国外，任何学科的教师培养都是由教育学院和任教学科归属的院系共同来完成的，如数学教师由数学系和教育学院共同培养，物理教师由物理系和教育学院共同培养，体育教师则由体育院系和教育学院共同培养。国外教师培养的一个显著特点是"淡化专业、强化课程"，即要申请教师资格证书，关键不是看你选择的专业，而是看你在教育学院所修的教育类课程是否满足要求。欧美国家高校的"专业"以管理上的统计功能为主，仅仅指"一个系列、有一定逻辑关系的课程组织（program）"。在我国，专业以管理上的规范功能为主并带有较强实体意味，这就使得院系之间的合作以及专业之间的沟通显得非常困难，例如，在我国大多数师范院校、教育学院，教育系的作用没有得到充分发挥，大多数教师专业包括体育教育专业的课程都是由各自院系来开设的，特别是一些教育类课程。二是体育教育专业的课程性质问题。体育课程是以身体练习为手段、以增进中小学生健康为主要目的的必修课程，体育课程不能以理论讲授的形式来完成，由体育课程的"技艺性"特点在体育学术界已基本达成共识。然而，体育课程的技艺性并不能简单地推断出体育教育专业课程体系也应该是技艺性的，因为体育课程中的"技艺演练"的性质是"学习"，而教师在体育课中的技艺表现则相应归属"教学"。换句话说，体育教育专业中的术科类课程不能仅仅局限于技艺性。总的来说，我国在培养体育教师方面还存在很多盲区和误区，需要我们进一步研究。

教师专业发展问题在二十世纪七八十年代成为欧美国家教育界一个蓬勃发展的研究领域，不仅"师资培养"已经逐渐发展成为"专业教育"的形态，在职教师的持续专业发展也已变成一种"常态性"的期望，教师专业发展成为传统的"师范教育"与"教师在职进修"概念的整合与延伸。教师专业发展的提出，从更深层的意义上来说，是在工业社会向信息社会转换的背景下，对教师的功能性本质的重新发现。所谓教师专业发展，是一个教师终身学习的过程，是一个教师不断解决问题的过程，是一个教师的职业理想、职业道德、职业情感、社会责任感不断成熟、不断提升、不断创新的过程。而我国教师专业发展的实践很大程度上属于一种"自然成熟"的状况，对于新任教师来说这种自发、不自觉的成长过程，可能需要几年、十几年甚至更长的时间才能完成。而对于一般教师而言，教师继续教育的学历取向、"重复"课程等诸多问题则更体现了我们对教师专业发展内在规律性的忽视以及认识的不足。体育教师专业发展也不例外。体育教师的专业发展过去被理解得非常狭隘，学校举办的教研组理论研讨班、校外专家的几次讲座或体育教师在职培训就是专业发展的全部内容，没有考虑体育的学科特性，而且教师完全是被看作专业发展的"被动的接收器"。有效的体育教师专业发展不应该是纯"技术性"的，而应该是体育教师之间发生的个人自愿、自觉的行动，并要考虑到体育教师自身的观点、兴趣、教学方式以及个性化的问题情境。作为体育教师专业发展的主要途径之一的继续教育没有得到重视，相应的理论基础以及配套的继续教育体制没有建立起来。提高体育教师队伍的整体素质，除了提高体育教育专业的教育质量外，更重要的是研究和建立科学、高效的体育教师教育专业发展机制。显然，这不能基于体育教师的"自然成长"或简单照搬别国或其他学科的教师专业发展模式。可以说，探索体育教师专业发展规律进而构建相应的机制是提高体育教师质量的核心环节。

## 二、当代体育教师教育专业化的重要性

职业专业化是近现代社会的重要特征之一。"职业"，英语为 vocation 或 occupation，《韦伯第三国际英语词典》对 vocation 的解释是"一个人通常为了报酬而经常受雇用的工作"，对 occupation 的解释是"一个人从事的一项活动，人的一生的主要事务"。这些解释说明职业主要侧重在一个人所从事的行业类型，从事该职业的人着重在形式，对何种人从事何种职业并没有严格的限定。专业（profession）作为一种社会现象，早在 17 世纪就在欧洲出现，它因在社会中享有优厚的经济待遇、良好的职业声望和较高的政治权利，使得它的多特质及其形成方式常常成为其他职业效仿的对象，许多职业把对专业的效仿视为改善职业地位，促进职业群体社会流动的主要手段。专业的词源是 professon，意思是"向上帝发誓，以此为职业"。希波克拉底誓言（Hippocratic Oath）正是如此，许多行业都以希波克拉底誓言作为他们的职业道德要求来规范从业人员的行为，优化自己的服务。20 世纪中叶，伴随着"福利国家"的诞生和发展，出现了福利专业（教师和社会工作者职业）。各种职业为追求专业地位而自发地完善自身的结构体系以及提高本职业对社会的服务质量，而社会因追求各职业更高质量的服务而赋予专业越来越多的有形和无形的实惠，这种"双赢"结局无疑说明现代社会的职业专业化运动是具有建设性的。

"专业"这一概念也因此开始承载特定的意蕴，即专业是一群人经过专门教育或训练，具有较高深和独特的专门知识与技术，按照一定的专业标准进行专门化的处理活动的专门职业。所谓专业化（professionalization），是指一个职业经过一段时间后成功地符合某一专业性职业标准并获得相应的专业地位的过程。1966 年，联合国教科文组织在日内瓦召开的第 45 届国际教育大会上通过了九项建议，其中第七项建议就是"专业化：作为一种改善教师地位和工作条件的策略"。

### （一）推行体育教师教育专业化是对教师专业化这一世界性潮流的顺应

教师职业专业化或培养专业化教师是教师教育的本质和提高教师职业社会价值的根本。如果说在过去漫长的历史时期占主导地位的"能者为师""学者为师"（甚至教育者知识稍多于被教者）的观念是社会历史条件使然，那么到了高等教育日臻成熟，专业化水平越来越高的当代，没有进过医学院的人绝难当医生，没有学过工程专业的人很少成为工

程师，但那些屡见不鲜的没有接受过教师专业教育的人凭着非教师专业的文凭而直接成为教师的情况则只能彰显教师教育专业性的苍白。人们开始反思这种教师教育价值的失落，教师职业专业化受到广泛关注。在我国体育界，体育教师养成和体育教师成长过程中始终占主导地位的是"运动技能专业化"价值取向，人们评价一位体育教师是否"专业"，主要就是看其自身是否具有或曾经具有相对较高的运动技术技能水平，这一取向的体育教师教育已经不能够满足由传统经验的体育教育演进为科学的体育教育的特殊要求。很显然，学科专业的智慧不同于以学科专业为职业的人的智慧，将"运动技术技能"作为体育教师职业发展的基点，就使体育教师"专业"被替代现象的产生有了可能性和现实性。因此，在 21 世纪，我们必须根据社会和教育发展的实际，寻找体育教师专业新的发展基点，实现体育教师培养与成长模式的改革与创新。

（二）推行体育教师教育专业化是深化学校体育改革和提高教育教学质量的需要

体育教师质量的高低，决定着学校体育质量的高低。国外近来的几份调查报告表明，人力资源比物质资源在提高体育教育质量上更有效，高质量的体育教育最重要的影响因素是教师，在没有昂贵的器械和设备时也可以实现体育教育[①]。受教育者的需要是体育教师教育专业化的前提。在现代社会，科学技术和文化的高度发展要求教育更加专门化、系统化，各种类型、各种形式的体育教学形式应运而生，如何把无限丰富的知识有效地传递给受教育者，如何促进青少年身心健康协调发展，如何使受教育者具有终身体育的意识和能力等问题就成为每一位体育教师需要解决的问题。这样，仅仅把教师作为一种职业、把教师教育作为一种职业定向或职业分配就已经远远不够，这就需要进一步提高教师教育质量。随着我国体育高等教育发展速度的加快，体育教师教育在质量上和数量上都有了较大的发展。如果说过去仅仅是为了满足基础教育对体育教师在数量上的需求，实现体育课由经过专业培养或培训的教师担任，而现在开始有条件满足基础教育以及高等教育对高素质体育教师的需要，实现学校体育质量的全面提高。体育教师教育专业化的时代已经来临。

（三）推行体育教师教育专业化是体育教师职业可持续发展的制度保证

教师专业发展的连续性与长期性要以教师教育专业化为前提，试图仅以本科阶段的师范教育去直接培养优秀体育教师的思想和做法，既无理论基础，也无实践的可能。优秀教

---

① 金季春，译. 世界体育教育峰会 [C]．北京：北京体育大学出版社，2002：68.

师的各种优秀品质是逐步发展和积累起来的，一些素质在接受师范教育前已初步具备，教师自身结构中大多核心要素更多是在职后逐步发展起来的，如教学组织和管理能力、语言表达能力、教学科研能力、教育机智、与学生交往能力等。对我国优秀体育教师成长规律的研究表明，我国优秀体育教师成长过程一般要经历适应准备期、适应发展期、创造提高期、稳定发展期四个阶段，成为优秀体育教师的年龄集中在 36~45 岁，教龄集中在 11~25 年[①]。此外，任何职业发展都有"高原现象"，如果教师不接受继续教育，其教学思想、教学行为和教学方法等就得不到全方位的更新，如果教师不能通过研修的形式摆脱陈旧的心理习惯定式、树立超前的教学理念和掌握先进的教学方法，其职业水平就将停滞在原有水平上，不再提高，而且就体育教师而言，整体的师资学历水平原本相对较低。因此，实施体育教师专业化改革无疑是体育教师职业可持续发展的制度保证。

（四）推行体育教师教育专业化为现代体育教育学科体系发展促生新的增长点

专业性职业的重要特征之一是它建基于一定的学科基础之上，例如，前工业化社会的专业神父、医生和律师职业，它们拥有处理人类早期社会三大压倒性任务（灵魂、健康和正义）的知识，分别建基于神学、医学和法学三类学科之上。教师职业逐渐成为一种专门的、科学的职业，教师日益成为一种专业人员也依赖于教育科学的形成与发展。研究显示，教师专业化与教育科学发展水平密切相关，即教育理论的奠基与教师职业经验化、随意化的解冻，教育学的形成、发展与教师职业走向初步专业化，教育科学的分化、融合与教师职业走向全面专业化。显然，推行体育教师教育专业化为现代体育教育学科体系发展促生了新的增长点，特别是在体育学科教学论的发展与完善上具有积极意义。

（五）推行体育教师教育专业化可以带来体育高等教育质的飞跃

以培养体育教师为本位目标的体育（教育）专业是体育学类的传统专业，也是普通高等体育院系得以存在、发展的主体或支撑专业，对体育教师教育专业化的研究成果，对我国普通高等体育院系的发展具有重要的参考价值。体育高等教育中的其他专业也面临专业化的挑战，如运动训练专业，我国在教练员的培养上一直遵循着"学而优则教"的路线，即当一名优秀的运动员度过其竞技运动生涯后直接走上教练员的职位，或者是具备国家一级或二级资格的运动员经过运动训练专业的学习后成为教练员。尽管我国的竞技体育近年

---

① 周登嵩. 我国优秀体育教师成长规律的阶段与促进因素的研究 [J]. 体育科学, 1994, -14 (6)：10-15.

来取得了突出的成绩，但从整个教练员的培养模式来看还是处于经验层次，以运动员的运动生涯体验为依据的教练员培养和任用思路在当前世界竞技训练科学化的背景下必然会逐步暴露出后劲不足的问题，特别是体现在青少年运动人才培养以及业余运动训练等方面，中国运动训练领域出现的"早期专门化""早衰"等现象都与此不无关系。而从现代专业学的角度看，这种所谓"专业体制"只是带有计划经济色彩的"职业化模式"，其中"专业"一词仅具有"专门职业"内涵，属于口语化表述。显然，体育教师教育专业化可以推动整个体育领域其他行业的专业化，并进而带来体育高等教育质的飞跃。

总之，教师职业经历了从兼职到专职，再到一个专业行业的过程。目前教师职业已凸显出专业化的特征。不断提高我国师范教育的质量，提高教师的专业化水平，走教师专业化之路，是新世纪中国教育改革和发展的历史必然。作为教师群体的一个组成部分，体育教师也面临着专业化的挑战，相应地，体育教师教育的专业化无疑也是历史的必然。

## 思考与练习

1. 体育教学的要素是什么？
2. 简述体育教师专业发展的特点。
3. 为什么说"当代体育教师教育专业化是历史的必然"？

# 第二章 体育教学的内容与功能

随着社会快速发展，国家经济水平越来越高，人们的生活质量也得到很大提高。新时代背景下，体育活动受到了人们的广泛关注，使得体育教学在学校教育中的地位更加重要，人们对体育教育的重视程度越来越高。在我国教育发展的初期，体育教学在学校教育中的地位很低，没有得到学生与教师的认可，把体育课当作"无用"的课程。随着现代教育的改革和发展，学生和教师对体育教育的观念发生了很大改变，如今体育教学已经成为学校教育重要的一部分，得到了广大师生的喜爱和欢迎。

## 第一节 体育教学的目标与内容

### 一、体育教学的目标

随着我国教育的不断改革，现代教育组成中体育教育占据重要的地位，在 21 世纪人才培养中起到重要的作用。体育教学目标是学校体育一切实践的出发点，决定着学校体育实践的方向、内容和方法，指导着学校体育实践的全过程，具有导向、动员、激励的作用。学校体育教学的目标是学生在理论课程和体育活动中获取成果的预期标准。通常情况下，体育教师会根据多方面要求合理规划教学目标，充分体现目标的灵活性和实用性，为后期的教与学提供切实可行的依据，同时还能为教学工作的有序进行提供明确的方向。在2002 年教育部颁布的《全国普通高等学校体育与健康课程教学指导纲要》中指出：要在全体在校学生中，树立"健康第一"的指导思想，形成新的高等学校体育教育管理模式；选择符合"健康第一"的高等学校体育教育内容、落实体育教学的方法和手段；建立科学有效的学生体质健康评价体系，制订适应"健康第一"指导思想的高等学校体育师资队伍培养方案等；学校体育要对学生进行终身的体育教育，培养学生的体育意识、技能和习惯。该纲要的颁布，加速和促进了学校体育的教学改革和发展，高校体育进入了一个新的发展阶段。下面就高校学校体育如何根据"健康第一"的指导思想，选择确定与之相适应的体育教学目标，为推动高校体育进入一个更加快速的发展时期做一些初步的探讨。

**（一）体育教学目标的概念**

实质上，目标是一种理想状态下所能达到的高度，体育教学目标的制定是为了预估体育教学的成果。预期成果包括两部分，分别为阶段性成果和最终成果，也就是阶段性目标和最终目标。学校体育目标实际上是一种尚未完成的事项，是一种期望达到的境地，学校体育教学目标是对体育学习成果的预估和期盼，有了目标能够激发教师和学生在教学过程中的潜力，为实现制定的目标共同努力。

学校制定的体育教学目标在很大程度上显示出教师与学生对学校体育课程编制、体育教学实施、课外体育活动等体育价值的理解，教学目标的合理性直接影响到体育教学实施和最终教学成果的实现。

**（二）体育教学目标的特性**

体育教学目标具有鲜明的特性，这主要表现在四个方面，分别为前瞻性、曲折性、方向性和终结性，图 2-1 为体育教学目标的特性示意图。

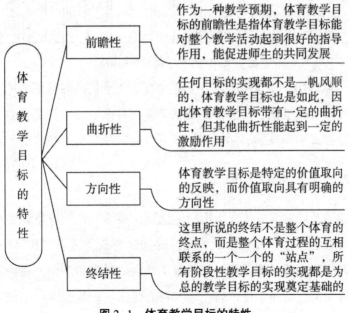

**图 2-1 体育教学目标的特性**

（三）体育教学目标的层次

从体育教学目标的概念可以看出，目标有大小、长远之分，不同的目标实现的方式会存在差异。在体育教学过程中，制定的前期目标都是整个教学中的不同"站点"，而制定的最终目标才是整个教学的目的地，体育教学目标有其自身的层次与内部结构，如图2-2所示。

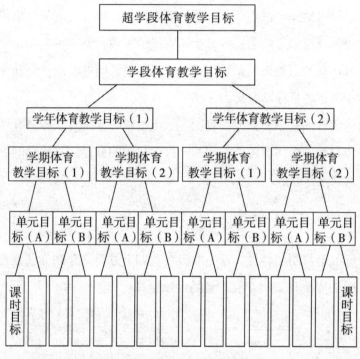

图2-2　体育教学目标的结构图

从图2-2中可以看出，体育教学的目标是由多个不同的小目标组成的，具有一定的层次和范围，大的目标会超过教学要求，小的则是课时目标。总而言之，教师在制定不同目标时，一定要充分考虑不同教学目标的上位和下位层次及其功能和特点。

（四）体育教学目标的选择

全民健身活动的开展对学校体育提出新的要求，高等学校的体育教学目标究竟如何选择和定位呢？体育教学作为一种有计划、有目的进行的教学活动，其目标的选择和确定，应主动适应社会发展和变革的多元化目标，服从社会的需求和学生内在的需要。就目前我国所处的历史阶段来讲，增强学生体质，培养身心健康的一代，为中华民族的强盛，为国家的可持续发展提供体质保证，是学校体育的总目标，这也是个人和社会的发展所面临的共同基础。而从高校体育课来讲，传授体育知识技能，为终身体育打好基础，发展创造能力，完善人格与个性，同时尽可能地同步发展体质，全面提高学生的体育能力是教学的首要目标。

1. 传授体育知识技能，为终身体育打好基础

体育作为教育的一门学科，重要的是教会学生锻炼的方法和技能。传授体育知识和技能，为终身体育打好基础是主要的目标，这是体育学科区别于单纯的身体锻炼的根本所在。体育课其根本功能就是对学生保护身体健康和科学锻炼身体提供理论知识和方法指导，这种指导将会影响学生一生的健康发展。体育教学就如同教会他们"捕鱼"，而非简单的授之以鱼。通过教会他们体育知识和技能，他们就会欣赏比赛，愉快地打球，形成良好的行为习惯，身体素质全面提高，了解身体结构，预防各种身体损伤，使用紧急救护方法，能根据自己年龄和个体差异选择合适的运动。

2. 重视个体需要，培养体育兴趣

兴趣是最好的老师，培养学生的体育兴趣，变"强迫体育"为"主动体育"，是实现体育目标的首要任务。学生体育学习的动机来自学生对体育的需要，青少年身体各项机能处于旺盛时期，而学生的体育目标并不完全是增强体质，而是更多地根据自身的兴趣爱好来选择运动方式。而实际意义上，只要学生参与运动，就不仅仅满足了兴趣爱好，同时学生的体质也会得到改善。如果学生自己的运动欲望没有得到满足，就不会对体育产生兴趣，更不会由此而形成终身体育的意识和习惯。当学生毕业走向社会，这个年龄段的身体应该正处在最健壮时期，而往往这个时期的运动计划又常常被工作、生活等一些问题所影响，更不会有直接动机来调动其锻炼的兴趣，久而久之，体育锻炼行为就会被终止。因此，如果只是把国家的抽象需要作为目标放在人的青年时期，而不注重培养个体的体育意识的话，就容易造成其离开学校后因为没有终身体育的意识而导致体质的下降。所以，高校体育教学应尽可能地满足学生的不同需要，采用更灵活多样的方式进行教学，让学生能根据自身条件与兴趣爱好，不受班级、时间、教学内容的限制，自主选项上课，以求获得更大的学习空间，以学生自学、自练和自我创新、参与竞赛，体现自我价值，培养竞争意识，创造学习的良好氛围，为长期的体质改善和终身体育习惯打好基础。

3. 发展创造能力，完善人格与个性

体育教育需随着体育学科的发展、时代的进步、学生的变化而变化，现在是一个信息时代，需要的是综合性人才，也就是要具备身心协调发展、终身发展能力、创新能力的新型人才。因此，体育教育应注重培养学生的创新精神、创造性思维及能力。体育活动中充满了可创造的元素和机会。例如，篮球运动中的"三对三对抗赛""七人或九人制足球比赛""降低球网高度的排球赛"等都是由正规的赛事演变而来，更为简单易行，深受高校学生喜爱。因此，在体育教学中，要充分调动学生的积极性，以学生为主体，使学生在学

习知识、技术、技能的过程中，不断发展自身的主动性。注重启发学生对运动项目进行分析，了解其锻炼功效，学会因人而异、因地制宜地选择、保留其中的健身和娱乐功能，使之能够适应自我的现实环境，创造出新颖、简单、有趣的运动形式。在体育课中，根据学生的认知能力、技能掌握能力和实际学习的可能性，有区别地设计和进行教学，给学生一些自主的时间和个性发挥的空间。例如，在健美操课中，让学生自己设计准备活动、热身活动以及放松活动，在练习中采用小组自主练习，互帮互教，共同进步；在球类教学课中，可以让学生自己编排赛制，组织比赛等，并以此提高学生的组织能力、团队精神和个人竞争能力等良好的心理品质。

在体育课程的设置上，要重视学生个性发展，需要遵循因材施教的原则，多一些选择，如在内容、方法、进度等方面，让学生有一定的选择余地，学生能真正意义上地自主学习、合作学习。在考核评价体系上，不只是对专项技能的考核，而是要把整个评价过程考虑进去，从而使每个学生都能在原有的基础上得到完善和提高，从根本上调动那些消极、被动、身体素质差的学生改变观念，真正体验"我运动，我快乐"的乐趣。

## 二、高校体育的教学内容

时代在发展，社会在进步，教育水平也得到了较大提升。我国高校体育教学中，教学内容是其重要的组成部分，扮演着极其重要的角色。教学内容是学生与老师之间相互交流的载体，能帮助建立良好的师生关系。所有教学活动的开展都需要教学内容的指导，没有教学内容一切都是纸上谈兵，不会产生任何实际效果。如果教学内容的选择不够科学，会直接影响预期规划的教学目标，达不到预期想要的教学效果，最终无法完成制定的教学任务和目标。可以看出，高校体育教学中教学内容的地位非常重要，对高校体育教学工作的开展具有很大的影响。

### （一）体育教学内容的基本知识

#### 1. 高校体育教学内容的定义

为了达到体育教学目标而选择与运用科学的体育知识和技能体系，这就是高校体育教学中所讲的教学内容。

高校体育教学工作开展中，教学内容的选择是按照现代教育的各种要求，总结前人的教学成果和实践经验，遵循制定的教育原则，从而在丰富的体育教学理论中精挑细选形成一套科学的教学内容。我国高校体育教学中，教学内容扮演着重要的角色，教学内容是教师与学生之间重要的媒介，教师通过教学内容传授给学生体育知识，它是师生之间信息交流的中介，发挥着重要的决定性作用。另外，体育教学内容对最终的教学质量和教学效果也起着关键性作用。

2. 体育教学内容的主要特点

随着教育的不断改革与创新，我国高校教学质量得到了稳步提升，其中高校体育教学内容不断完善，教学内容越来越丰富，满足了校内师生的学习需求。在高校体育教学中，教学内容具有的特点得到了充分的展现，主要包括六个方面，图2-3为体育教学内容特点的结构分析图。

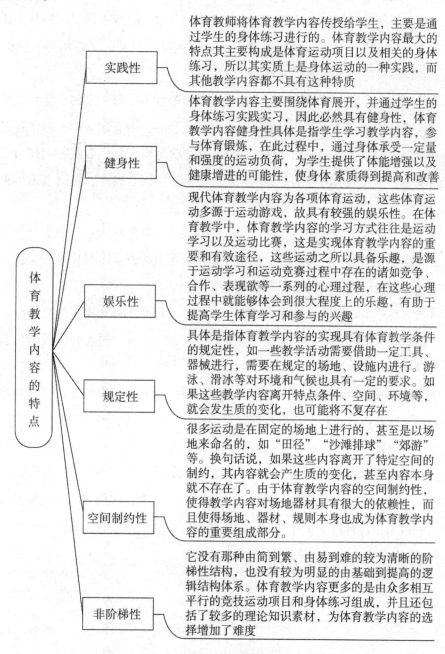

**图2-3 高校体育教学内容的特点**

3. 体育教学内容的分类方法

（1）体育教学内容分类的主要依据。随着国家教育水平的提高，我国高校体育教学内容变得丰富多样，相比于其他学科的教学内容，体育教学内容的授课形式和社会功能具有多样性。要对丰富多彩的体育运动项目与身体练习进行合理的分类，需要遵循下列基本要求。

①符合学生的身心发展规律。不同年龄的学生无论是在生理上还是在心理上，都具有鲜明的阶段性特点。体育教学内容的分类必须充分考虑学生的特点，如在小学低年级体育教学的运动技能的维度目标主要是发展基本活动能力。这一阶段根据学生的基本体育能力与游戏兴趣进行分类比较合理，这样既能提高他们的运动技能，又能培养学生的体育兴趣，有利于我国高校体育水平的发展和进步。

②有利于开展实践教学活动。对于体育教学内容的分类要有一定的科学性，始终坚持体育教学实践服务的学习理念，学习理论知识是为后期的实践奠定基础。对体育教学内容进行具体分类时，应便于体育教师在体育教学实践中对体育课程内容进行选择与安排。在高校体育教学中，体育教学内容的分类不仅要满足师生的课程要求，还要遵循体育发展的科学规律，最终通过实践活动来验证分类方法的合理性。

③应与体育教学方法和体育教学评价方法相联系。体育教学内容的分类应与体育教学方法和评价方法相互贯通，成为有机的整体，此种分类方法有利于对体育教学做出更好的评价，即进行体育教学内容的分类要有系统的观念。

④符合教育价值取向。体育教学内容的分类应随着社会发展和国家教育方针的要求而不断变化，一成不变的体育教学内容的分类是不存在的。因此，进行体育教学内容的分类应有与时俱进的观念。

（2）常见的体育教学内容分类方法。体育教学中，运动项目种类繁多，教学内容丰富多彩。在对体育教学内容进行分类安排时，常面临以什么样的逻辑进行分类的问题。正确地对体育教学内容进行分类，有利于更深刻地认识体育教学内容，并使之与体育教学目标协调一致。我国高校体育教学内容大多都是独立分散的，相互之间缺乏关联性，没有较强的逻辑关系，以及体育教学内容的随机性等特点，目前对于教学内容的分类并没有统一的分类方法。一般地，体育教学中体育内容的分类方法主要包括六种，如图2-4所示。

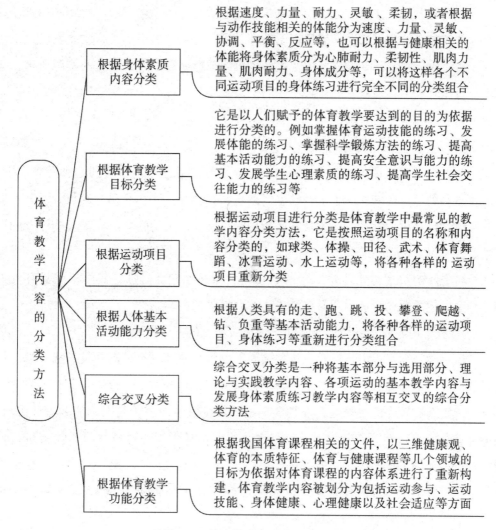

图 2-4　体育教学内容的分类方法

## （二）体育教学内容的发展和趋势

随着我国体育教育的不断改革，体育教学内容呈现出多样化发展趋势，具体表现在三个方面。

1. 促进高校学生体育知识的全面发展

我国传统的体育教学中，教师讲解的内容只是单方面培养学生的身体素质，具有一定的局限性，不利于学生的全面发展。随着教育水平的不断提高，未来的道路上体育教学内容会呈现全面发展的趋势，不再是单一追求学生的身体素质，而是全面发展学生的身体素质、心理健康和社会能力，提高学生的综合素质，这样才能更好地适应各种体育环境。在教育思想、方针政策、体育目标、体育功能的影响和制约下，选择体育教学内容的范围也受到了很大的限制，这使得体育课曾一度成为以提高学生身体素质为主要目的的达标课。现如今，国家教育部非常重视学生的素质教育，推广力度不断增加，素质教育已经成为学生教育中非常重要的一部分。高校体育教学内容的选择要符合素质教育的实际要求，有助于学生的身体素质、心理素质和社会能力的全面发展，为社会培养更多的高端人才，从而满足我国体育事业的建设需求。

2. 注重培养学生的终身体育思想

终身体育教学理念是现代高校体育教学的重要指导思想，由于受到这种思想的影响，现代高校体育教学目标更加注重培养学生的终身体育教育。体育活动的参与者不分年龄大小，终身体育已经成为世界各国体育发展的理想目标，高校学生学习和掌握的体育知识与技能是能否实现这一目标的关键因素。所以，高校体育在未来的发展中，要合理调配运动文化和教材之间的关系，处理好二者的娱乐性、传递性和健身性，其中一些具有健身价值、终身运动性质的体育运动项目将被作为体育教学的内容。

3. 注重教学内容的选择性，向不同学段逐级分化的方向发展

高校体育教材大纲确定之后，在规划体育教学内容时，总是试图在具有极强综合性的体育学科中寻找运动项目之间的逻辑关系，然后选取合理的教学内容并将其体系化，注意内容之间一定要有较强的逻辑性，但是我国高校体育教学内容正是由于缺乏这种逻辑性，导致体育教材的编制存在一定的困难。将来的体育教学大纲在对体育教学内容进行选择时，非常重视遵循体育学科自身的内在规律，并且将具有娱乐性、健身性、科学性的体育素材及学生感兴趣的体育内容编排到体育课程当中，并且不同学段的教学内容和要求也有一定的区别，"选择制教学"将获得进一步的发展。

# 第二节　体育教学对学生心理健康的促进功能

## 一、体育教学的心理健康促进功能

### （一）发展智力

体育教学可以促进学生智力水平的提高，这主要从以下几方面体现出来。

1. 促进大脑的开发与利用，改善神经系统功能

（1）体育教学中，学生参与体育活动，可以使自己神经系统的兴奋和抑制过程更集

中，使肌体对内外刺激做出迅速和准确的反应，从而为智力的发展奠定基础。

（2）与左脑相比，右脑的信息容量和记忆容量更大，形象思维能力更强，体育活动可以使学生的右脑得到充分锻炼，从而提高其记忆力和思维能力。

（3）体育教学中，尤其是体育实践课教学中，学生参与体育锻炼，可以促进血液循环，提高呼吸系统功能，为大脑提供充足的养分，从而提高记忆力和想象力，促进大脑工作效率的提高。

（4）通过体育教学还可以增强学生的神经系统功能。

2. 减缓应激反应，提高脑力工作能力

应激原意是"对刺激的反应"，主要指个体对超越其应变能力，危及其健康的压力环境进行评价后的反应。当个体所感知的环境要求和他所认为的自我能力之间不平衡时，应激反应则会出现。体育教学可以降低应激反应，降低心率和血压，从而使特定应激源对学生生理的影响不断减小。

3. 消除疲劳

疲劳是一种与生理和心理有关的综合症状。当学生消极从事某种活动，或通过自己的能力难以完成艰巨的任务时，就容易产生身体或心理上的疲劳。人的随意活动主要是通过大脑皮层来调节的，学生在文化课的学习过程中，大脑皮层的有关区域常处于高度兴奋状态，并随时为学习时间的延长而产生保护性抑制，导致学习效率降低。在体育课中，由于体力活动与脑力活动在不断交替，导致运动神经中枢兴奋，使得与文化学习有关的中枢神经得到积极休息，从而使得在脑力劳动中产生的疲劳得到有效消除，提高学习效率。

另外，学生体质的增强和健康水平的提高能够使其保持充沛的精力，能够提高其持久承担文化学习任务的能力，使其学习潜力得到充分的挖掘与开发。

（二）调节情绪

体育教学对学生心理健康的影响可以通过学生的情绪状态这一指标来衡量。体育教学可以使学生不愉快的情绪和行为得到转移，使学生摆脱烦恼和不愉快的情绪。考试成绩不理想、竞争、与同学的摩擦、教师的批评等是学生产生不愉快情绪的主要原因，而学生在体育教学中积极参加体育锻炼可减轻不良情绪的影响。

体育教学有助于调节学生的情绪，其中最重要的原因之一，就是参加身体锻炼的学生可以体验运动的乐趣，获得愉快感，产生满足、愉悦、舒畅的感觉。体育锻炼是使中枢神经系统得到适度激活并达到愉快水平的重要途径，适度负荷的体育锻炼能促使人体释放内啡肽，它能使学生在锻炼后拥有愉快的好心情。

因此，在体育教学中，学生参加体育活动，尤其是自己喜爱或擅长的体育活动，可以获得乐趣，振奋精神，陶冶情操，产生良好的情感体验，保持愉快的情绪。

### （三）锻炼意志品质

意志品质是指一个人的果断性、坚忍性、自制力及坚韧顽强和主动独立等精神。学生在克服困难的过程中可以表现出自己的意志品质，同时在这一过程中不断增强自己的意志品质。在体育教学中，学生需不断克服主客观上的困难，如懒惰、胆怯、疲劳、损伤以及气候条件等，这有利于磨炼学生的意志，培养学生果断、坚韧的意志品质，坚强意志品质有利于学生更好地处理学习和生活中的问题，提高学习和生活质量。

总之，体育教学在磨炼学生意志，培养学生吃苦耐劳、坚韧不拔、果断、勇敢、自控、自信等良好心理品质方面具有积极的意义。

### （四）改善人际关系

随着现代社会生活节奏的加快，人们越来越封闭，人与人之间的感情交流越来越缺乏，人际关系也越来越疏远。体育教学可以打破这种封闭状态，将不同年龄、地区、学习水平的学生聚集起来，使其展开平等、友好、和谐的交往，他们在体育学习中相互信任，相互进行情感和信息的交流，产生默契，建立和谐的人际关系。

研究表明，与社会密切联系有利于个人的心理健康发展。学生可在体育教学中认识更多的同学，大家和睦相处，友爱互助，建立良好的人际关系，这会使学生心情舒畅、精神振奋，对于其身心健康十分有益。

### （五）确立良好的自我概念

自我概念是个体主观上对自己的身体、思想和情感等的整体评价，它由许许多多的自我认识所组成。学生在体育教学中参与体育活动可使体格强健，精力充沛。可见，体育教学有利于促进人的身体表象和身体自尊的完善。

身体表象是指头脑中形成的身体图像。身体自尊主要包括一个人对自己的运动能力、外貌（吸引力）、身体抵抗力和健康状况的评价。正常人普遍存在身体表象障碍现象。例如，对自己体重不满的学生有很多，女性往往高估自己的身高和低估自己的体重；身体肥胖的学生身体表象障碍现象更严重。

身体表象和身体自尊与整个自我概念有关，其主要表现为无论男女，对身体表象不满意都会产生自卑感、不安全感，甚至产生抑郁。研究表明，肌肉力量与身体自尊、情绪稳定性、外向性格和自信心成正比，并且加强力量训练会使个体的自我概念显著增强，这就体现了体育教学在增强学生自我概念方面的重要性了。

### （六）消除心理障碍

现代社会竞争十分激烈，学生的学习压力也很大，一些学生在学习中不堪重负，产生了悲观、失望的情绪，进而导致忧郁、孤独等各种心理障碍。体育教学有助于学生摆脱消极情绪（压抑、悲观等），降低心理障碍（焦虑、忧郁等）程度，使学生保持心理平衡，达到心理健康。

学生在体育教学中参加体育运动并坚持锻炼，不仅可以改善自身的生理机能、身体素质，而且也会掌握并发展一些体育的技术技能。取得这些成绩后，个体会以自我反馈的方式传递其信息于大脑，从而产生自我成就的体验，产生愉快、振奋和幸福感。

体育锻炼在消除焦虑症、治疗抑郁症等方面的作用与功能已经得到了大多数人的认可。焦虑和抑郁是普通人和精神病患者遇到的两种最常见的情绪困扰，体育锻炼能有效减轻焦虑和抑郁症状。学生在学习与生活中的焦虑情绪也可以通过体育锻炼得到有效缓解，从而保持健康的心理。

## 二、体育教学促进学生心理健康发展的对策

### （一）加强体育能力培养

#### 1. 体育能力培养的内容

体育能力是一种特殊的综合能力，体育知识、智力、技术及技能等是体育能力的组成要素。一个人的体育能力主要在体育运动中表现出来，能够成功完成一系列体育活动的人拥有较强的体育能力。通过体育活动可以提高体育能力，体育活动是培养体育能力的主要途径。

学生是体育教学的对象，要培养学生的体育能力，首先要明确需要具体培养哪些方面的能力。具体来说，培养学生的体育能力就是要对其身体基本活动能力、自我锻炼身体的能力、体育运动能力、运动保健能力、开拓与创新能力进行培养，这些能力的提高是学生体育能力整体提高的基础与前提。

下面简单分析学生体育能力的培养内容。

（1）身体基本活动能力。学生必备的基本活动本领（走、跳、跑等）就是身体基本活动能力，学生掌握这些本领可以更好地适应生存环境。一般在田径教学中可以使学生获

得这些基本能力。

（2）自我锻炼能力。自我锻炼能力指的是学生能熟练运用已掌握的运动技能，充分发挥自身的活动能力，自觉进行身体锻炼的本领。学生独立进行自我锻炼，有利于自身在学习和生活中的需要得到满足，而且这对学生将来走向社会从事体育锻炼具有重要的影响。长远来看，学生是否具备自我锻炼能力也会对中华民族体质的增强和中华民族文化素养的提高产生影响。

（3）体育运动能力。体育运动能力是最基本的一项体育能力，指的是学生为了满足将来在社会上生存的需要，对体育理论知识、实践技能有了掌握后，所获得的能够顺利参与各种体育运动的本领。体育运动能力能够反映体育运动的整体特征。

（4）运动保健能力。运动保健能力指的是学生运用运动保健的内容和方法，科学参与体育锻炼，妥善解决与处理锻炼中出现的运动伤病与心理问题，促进自身身心健康发展的能力。学生的运动保健能力主要从以下两方面表现出来。

第一，学生预防与处理运动损伤的能力。

第二，学生对自身身体形态与机能进行评价的能力。

提高学生的心理素质和健康水平需要对学生的运动保健能力进行积极培养。学生良好的保健能力能够在一定程度上折射出社会的良好风尚和中华民族文化教养的程度。

（5）开拓创新能力。开拓创新能力指的是学生依据学习与生活的实践环境需要，在体育运动过程中严格贯彻运动原则与实施运用方法的能力。

综上，我们可以基本明确学生体育能力培养的主要内容。在此基础上，我们应依据学生的具体情况，采取符合学生特点与需求的方式来培养其体育能力。

2. 体育能力培养的途径

上面已经提到，体育活动是培养体育能力的主要途径，对于学生而言，参与体育活动主要是在体育教学中实现的。在体育教学中，学生体育能力的培养成果会受到课程设置、教学方法、教学考核与评价的影响。为了提高体育能力培养效果，需要从几方面着手来研究体育能力培养途径。下面仅从改革体育课程设置与体育教学方法两方面进行研究。

（1）改革体育课程设置。随着学校教育的深入改革与发展创新，传统体育教学课程已难以与现代社会的需要保持高度一致了。在这一情况下，需要根据教学对象的具体情况来构建新的体育课程结构，使之更好地服务于学生的健康发展。

提高与保持学生的身体素质水平不是体育教学的唯一目标，通过现代体育教学，要使学生形成终身体育学习与锻炼的意识，拥有终身体育锻炼的能力。现在，学校对学生的培养目标已经越来越具体了，这从教学内容的设置就可以看出来，设置教学课程与开发教学内容都是为实现教学目标而服务的。所以，对于在学校体育教学中，迫切需要解决的问题与完成的任务是调整和改革体育课程设置，不断完善体育课程教学内容的开发。

从小学到大学阶段，学校体育教学的课程设置比较接近。不管是哪个教学阶段，体育课程设置中，都只是把体育课作为引导学生参与体育运动与锻炼的一种模式与手段。这就表现出了一个明显的缺陷，即不具有针对性，个性化教学不突出，没有考虑不同学生的实际情况与水平，这样设置的教学内容无法真正满足学生的需求，很难为实现学生的健康发展而服务。我们要在今后的体育课程设置中避免出现类似的问题，加强改革与完善，不仅要对学生运动能力获得的远期效应进行考虑，而且也要对学生运动能力获得的短期效应给予高度关注，以学生的兴趣与能力为依据来对课程进行针对性设置，促进体育课程教学内容的丰富性和多样化发展。在设置课程中，要允许学生自主选择体育课程内容，提高教学内容的科学性，确保教学内容对学生知识的掌握与能力的提高有利，从而促进学生的健康发展。

在体育课程教学内容改革中，学生的生理特征、心理特征都是需要重点参考的依据，从而使学生的健康发展、体育兴趣的培养与提高得到充分的保障。在对教材进行选择与运用时，可以扩大选用范围，提高教学内容的弹性，适当穿插设置心理健康教育的内容，使学生通过接受这方面的教育学习心理健康知识，掌握心理保健方法与手段，获得调整自己心理状态的能力。

通过考察国内外体育课程的设置情况，发现在设置方向上具有以下几个共同点。

第一，体育课程设置的目的都是促进学生身心健康发展和体质水平的提高。

第二，在体育课程设置中对卫生保健知识、技能和方法的传授比较重视，注重提高学生的体育文化素养。

第三，体育课程教学内容具有现代化特征，能满足科学性与实效性的要求。体育课程内容的现代化突出表现在科学性上，科学性特征要求将运动健身的知识与技能作为主要的体育教学内容。选择体育教材不仅要注重传授基础知识、基本技能，还要培养学生的基本能力，要具备实用性，使学生通过学习能够掌握基本的健身知识与技能，这些技能的掌握有利于学生将来在社会上更好地生活与发展，而且所选教材必须有利于学生终身体育锻炼习惯的养成。

（2）改革体育教学方法。在发展与完善学生的体育能力方面，体育理论课程教学发挥着重要的作用和影响力。体育教学能够促进学生基本能力的发展，尤其是能促进大学生思维、记忆、想象与创新等能力的提高。因此，学生可以在认识事物外在属性的基础上，把握事物的内在联系，进一步揭示事物的本质与规律，这样才有望成为具有良好创造能力的优秀人才。所以，在体育理论知识教学中，讨论与启发式教学方法的运用至关重要，在教学过程中要重视体育理论结构体系的逻辑性，传授基本原理知识，传授基本学习方法，将"教"与"学"充分结合起来，提高学生积极参与体育学习过程的热情。此外，在教学中还要注意体育教学内容的应用性。

在通过体育教学培养学生的体育能力时，体育理论具有重要的意义，在此认识基础上，在教学中要科学选用更容易被学生接受的教学方式，并使所选的方式更好地发挥其在促进学生身心健康方面的功能与作用。

体育教学不仅要重视传授体育理论知识，更要组织一系列体育实践活动。在体育实践教学中，"满堂灌"是需要有意避免的一个缺陷，应该留出一部分时间来使学生自己练习，然而在留出时间使学生进行实践练习时需要加以恰当的组织与引导，否则就会使体育实践课变为身体素质训练课。

现代体育教学经过多年的发展，逐渐发展成为较为成熟的学科。体育教学方法经过多年的发展已经形成了具有自身特色的教法体系。随着体育教学方法的不断改革与发展，其现代化与心理化的发展趋势日趋明显。

体育教学方法的现代化发展趋势很明显，这从教学设备的现代化中就能够集中反映出来，体育教师采用先进的技术手段更容易开展教学活动，更方便学生的学习。通过先进的现代化设备，教师能够对学生的身心素质及健康状况进行深刻了解，能够更好地制定体育教学的负荷量。在教学管理方面，能够对学生的学习和生活提供更好的指导。随着现代社会的发展，体育教学的各项技术逐渐发展，其教学方法的现代化发展将会在未来一段时间内继续深化。

心理学认为，学习是一项复杂的心理过程。在体育教学过程中，学生学习是一项既涉及知识记忆，又涉及动作技术记忆的活动。随着心理学研究的发展，人们全面认识了学习过程的各个方面，并且在教学实践中越来越重视心理学相关理论的指导作用。在体育教学方法的改革与发展过程中，心理学方面的很多研究成果将会得到进一步的应用，其在提高体育教学效果方面的作用会得到充分发挥。另外，体育教学还肩负着培养学生意志品质和健康心理素质的任务，因此相应心理学教学方法的运用能够更好地完成这些任务。

### （二）积极组织集体活动

社会的强化、群体的认同、比赛的刺激与竞争等是集体性体育活动容易吸引个体参与的"亮点"。调查发现，喜欢参与集体体育活动的男生要多于女生。

受"重在参与"集体意识的影响，学生参加体育活动的积极性在不断提高。通过参与集体活动，学生能够与同伴共同享受体育带来的快乐与满足，这有利于学生之间的交流与沟通，有利于形成良好的人际关系。容易冲动的学生通过参与集体体育活动可以缓解自己的这一不良心理问题。

在体育教学中，安排与组织集体活动具有重要的意义。集体体育活动能够为学生之间的沟通与交流，为巩固学生的友谊提供良好的机会，使学生相互之间更加亲切。通过参与体育活动，参与者即使不用很多的语言来表达自己的想法，也可与他人进行无障碍交流，也能够找到志趣相投的伙伴。特别是对性格内向的学生而言，他们不善言辞，通过体育活动他们能够结交朋友，在不需要太多言语表达的情况下也可以顺利交流。

在体育教学中，体育教师要多鼓励学生参与体育活动，尤其是参与集体活动，并在指导学生体育锻炼时提倡互帮、互助、互学。学生在参与动作难度比较大的运动时，要相互帮助，相互保护，从而形成融洽和谐的关系与氛围，这对学生的心理健康发展具有积极的意义。有些学生时常处于焦虑状态，不善与人交流，有人际交往障碍，通过参与集体性的体育运动，可以调节这一心理问题与性格缺陷，使他们从封闭的自我空间中走出来，勇敢迈出与他人交往的重要一步，在参与体育活动的过程中，他们会感受到同学的友好、教师的和善，感受到有朋友的快乐，并认识到这是体育带来的美好体验，从而更乐于参与体育活动，使体育的心理健康促进功能更好地作用在其身上。

（三）注重心理健康教育

传统体育教学中，过分强调体育知识的传授以及技术传授的系统性与完整性，由此而产生的教学问题表现如下。

第一，体育教学内容繁多，不符合学生的学习特点和实际学习能力。

第二，在设计课程内容时并未将学生兴趣与实际需要作为一个重要的依据。

第三，教材中没有充分体现出学生能力培养与心理健康目标、终身体育目标之间的联系。

虽然体育教学过程是传授体育知识与技能的过程，但体育教学的任务远不止于此，还包括培养学生的身心健康素质。因此在体育教学中融入健康教育至关重要。

在体育课程教学、体育课外活动、体育竞赛活动等体育教学的各个环节中都应融入心理健康教育。选择心理健康教育内容时，要注意其与体育教学的关系，也要注意其是否符合学生的特点，从而使所选内容能够真正服务于学生心理的健康发展。在综合考虑学生身心发展特点后发现，体育教学中，心理健康教育应从心理素质教育和心理疾病预防教育两方面着手进行。

1. 心理素质教育

心理素质教育包括智能教育、非智力因素教育、和谐人际关系培养教育、环境适应教育、健全人格教育等。在体育教学中，教师要在各个环节适当地渗透心理素质教育的内容，充分挖掘学生的智力潜能，促进学生智力因素的优化，培养学生的创新能力。

加强心理素质教育有利于学生自我意识的正确树立，良好道德品质和积极进取的人生观的形成以及社会适应能力的提高。

2. 心理疾病预防的教育

在体育教学过程中融入心理疾病预防的教育同样很重要，具体内容包括心理卫生教育、挫折教育、心理疾病预防教育等。通过科学实施这些教育内容，可以使学生正确对待自己的心理疾病，并采取有效的方式进行自我处理，提高学生预防心理疾病的意识与能力。

在体育教学中渗透心理健康教育，可以选择将心理健康教育内容融入体育课程中。这有利于学生对心理健康标准理解程度的增强，丰富学生对心理健康的认识，使大学生掌握心理保健方法，学会运用科学正确的方法适当调整自己的不良心理状态。

为了更好地开展心理健康教育，学校可以开设心理咨询门诊，通过心理治疗来解决学生遇到的心理障碍问题，提前预防不良心理问题的出现，促进学生心理健康发展。学校要注意对学生体育兴趣的培养，树立"健身体育""娱乐体育""快乐体育"的观念，引导学生积极快乐地参与体育活动。学生在快乐欢愉的气氛中更乐于学习体育知识与心理健康知识，能够更高效地掌握体育技能和心理问题的解决方法。

学校体育与健康教育中，健身理论知识与健身体育活动是主要教育内容。通过这方面的教育，可以使学生积极参与运动健身与锻炼，养成自觉锻炼的好习惯，并使学生更加关注自我身心健康，关注社会健康，强化其责任感和使命感。在体育与健康教育中，适当增加心理健康教育的比例与课时，使学生能够自觉改正自己的不良行为习惯，形成健康的行为方式与学习方式，并能够在以后的生活中保持健康的方式，终身获益。

# 第三节 体育教学的育人功能

## 一、体育教学的美育功能

### （一）美在体育教学中的体现

在体育教学中，方方面面都体现着美，拥有相对广泛的美的内容，主要反映在以下几个方面。

1. 教学过程的美

对于体育教学过程来说，美主要体现在两个方面：一方面，是师生在具体的教学活动中反映出来的多元化创造性活动；另一方面，是师生在动态中产生的具备美的特征的组合形式。在体育教学过程中，不仅要在整个教学过程中反映教师的独特性与学生的个性，而且要具备教学的三项特征，分别是有序性、节奏性以及完整性。

2. 教学内容的美

在体育教学中，教学内容的美是非常重要的一个方面。究其原因，主要有两个方面：一个是因为教学内容本身在教学活动中占有突出的地位；另一个原因是，具体教学内容中所包含的大量美的因素对此产生了决定性的影响。体育教学内容中的美具有一定的广泛性，这种广泛性不仅体现在从人类文化知识体系中直接迁入的艺术美、社会美、自然美和科学美的内容方面，同时也体现在经过教师和学生实践改造之后而具有美的特征的内容。但是，不管是哪一种，都充分体现了美的存在。除此之外，体育教学内容的美是指外在的形式美和内在的美，具体包括崇高理想与情操、坚定意志、顽强品质等。

3. 教学环境的美

体育教学环境的美是指包含场地、器材的选择与布置等在内的教学外部条件。环境往往能对人的活动产生特定作用，周围环境对体育教学同样有不容忽视的作用。教学环境不仅是教学实施的必要条件，同时，优美的教学环境可以给学生以美的感受，从而使学生学习的兴奋性有所提高。除此之外，良好的教学环境有利于学生疲劳的消除、紧张心理的缓解以及技能的理解和掌握等。

4. 教师和学生形态的美

教师和学生的形态是指教师和学生在教学活动中行为方式的总和，比如举止、表情等。所谓形态美也就是指教师和学生的行为举止、语言和仪表等所表现出来的美。在体育教学活动中，师生的形态美是彼此联系的，两者能够彼此感染，尤其是教师的形态美具有十分明显的牵引作用。

### （二）美学在体育教学中所起的作用

**1. 能够使教学中情感激励和个性陶冶被忽略的问题得到改善**

截至目前，体育教学的现状是高度重视知识传授、技能培养以及思想品德教育，但没有对情感激励与个性陶冶给予足够的重视。对于体育教学过程来说，不仅包含教师的教，同时包含学生的学。教师应当以学生的具体情况与特征为依据，有针对性地培养学生的个性，推动学生对美的情感体验更加多元化。学生通过教师寓体育教学于学生对美的追求和享受之中，更好地在赏心悦目的教学活动中自觉地接受美的熏陶和感染，从而达到陶冶个性和激励情感的统一。

**2. 使体育教学效应得到有效的提高**

对于体育教学而言，美在提高体育教学效应方面发挥着关键性的推动作用，具体反映在两个方面：第一，教师在认真备课、认真钻研教材的过程中，能够在对教学内容的美进行体验的基础上，通过创造性的教学方式，来将教学内容的美充分展现给学生；第二，学生在教师主导作用下，创造性地进行学习，从而达到知识、动作技术、体质以及智力、情感、思想品德等方面都有一定程度的提高和发展的目的。

**3. 使体育教育理论的研究更加深入、细致**

当前，我国已经存在大量体育教学理论方面的研究，但绝大多数都是站在社会的政治经济制度与生产力发展这两个角度展开研究的，以人的价值与人自身发展作为研究角度的比较有限。体育教学任务不只是向学生教导知识、传授技能，还需要塑造与培养学生内在的心灵与品质。就美的教育与审美能力培养来说，不仅能有效推动体育教学任务的完成进程，同时能激励学生情感、净化学生心灵。

### （三）体育与美育

纵观历史可知，体育和美育之间常常存在着紧密联系。"原始的体育活动经常与娱乐或艺术活动为一体。例如，具有宗教礼仪性质的原始歌舞，既是情感的宣泄，又是身体的运动，还有一定的健身功能。原始歌舞中的许多动作就包含身体训练和竞技的因素。我国西周时，武王用一种武舞来训练士兵，这种舞蹈动作粗犷，刚劲有力，是一种军事武艺，也可看作是现代军事体育的源头"。在古希腊，体育的常见目的分别是培养健壮身体为军事活动做好准备，对人体展开健美的塑造。"当时的体育运动会都是展览和炫耀裸体的场合，因为希腊人把肉体完美看作是神明的特性"。正是在这种文化背景下，哲学家柏拉图提出了美育与体育结合的主张，认为"身体的运动和声音的运动有一共同的……节奏"，所以，心灵的美化和肉体的健美是内在一致的。事实上，古希腊时代体育与美育的内在结合也是希腊雕塑创造繁荣的基础，正因为"希腊人竭力以美丽的人体为模范，才促进大量健美的人体雕塑杰作的产生"。此类健和美、肉体和精神浑然一体、完美统一的文化传统始终是后来体育与美育可持续发展的重要源泉，同时是当前把美誉融入体育的一种文化资源。

以性质和功能作为分析角度，能够发现体育和美育之间有很多相同点。第一，体育和美育都是以活动本身为目的。倘若说道德活动与认识活动往往是以活动结果作为目的，则体育活动与审美活动的目的就是活动过程的本身。尽管体育过程与美育过程均包括知识学习、技能学习、技术学习、道德学习，但这些因素并非本质目标，仅仅是一种手段，它们都需要服从身体与心理均衡发展的根本目标。倘若说德育和智育的主要目标是让人掌握生活的方式，则体育和美育不仅是让人掌握生活的方式，同时是生活本身。第二，体育以身体教育为主，促进着全身心的协调发展，美育以情感（心理）教育为主，促进着全身心的协调发展。在体育活动中，身体的运动促进着心理方面的发展和提高；在美育活动中，情感活动也带动着生理方面的发展。身心全面协调发展的教育理念是体育与美育共同的基础，它们都直接体现了以满足人自身的生存发展需要，培养全面发展的人的现代教育宗旨。可见，美育同体育有着众多共同之处，实际上在欧洲的一些国家，体育常常被作为美育的一个方面来看待。

体育本身就存在很多美育的因素：第一，体育作为身体的教育，具有促进人体健美的功能；第二，体育作为身体协调自由的活动，使运动者和观赏者产生强烈的审美体验。健康的美，是体育教学的最终目的。健康美的内容，包括身体的健康美、精神的健康美、行为的健康美。身体的健康美是为了让身体构造处于健康状态而产生的，具体就是借助体育锻炼获得健康的外部形态、内脏机能以及运动技能而呈现出的美；精神的健康美是指为反映性格健康的美，具体有纯朴、明朗、有创造力等丰富的感情，积极、努力、忍耐等顽强的意志，观察、思考、探索等高度发达的智力，热爱、体谅、互助等基本的道德观念，等等；行为的健康美是指将社会性作为基础的行为美，具体是指光明、正大，存在组织纪律等行为。行为美是精神美的外化，能够反映出人们经常说的"心灵美"。由此可知，体育是实施美育的一个不可或缺的领域。

## （四）在体育教学中运用体育手段实施美育

在体育教学中实施美育，有着与其他领域不同的特点，那就是要通过塑造健美的身体，使青少年形成健康的审美观。

健，古来泛指强有力；康，寓含愉快平安之意。健康要求身体和情绪均保持良好状态，即"身心俱泰"。中国唐朝有一种乐舞，因其刚健有力的特点名曰"健舞"。我们常用"健步"来赞叹步履轻快的善行之人，以"健儿"之美誉加于壮勇之士，冠"健将"之名于体育运动之能手。

健康和美之间是相辅相成的关系。美丽心灵与伟大意志只能在身体条件允许的情况下才可以发挥作用，同时其趣味会随着年龄与兴趣出现变化。如此一来，我们就不难理解哲学家为保持心灵健康高度重视身体健康的情况。在现代体育中，对健康有负面作用的活动往往是因为人们畸形的审美观念造成的。然而，习惯、风俗以及爱好往往是能够改变的，落后的习惯往往会随着时代前进逐步消除。体育的终极目标是为人类社会创造健康的美。

教师形象对体育课中的美育具有不容忽视的作用。学生年龄越小，则教师形象越高大，产生的影响就越深刻，同时会产生潜移默化的影响。和其他学科的教师相比，体育教师的榜样作用更加突出。体育教师不仅要借助幽默的语言、文雅的行为、朴素的生活、整洁的衣着、紧跟时代的思想、正派的作风给学生带来美好的感染，同时也要注意上课示教环节。因为体育课传授知识和技能不仅要靠教师讲解，还需要用形象的身体动作示范，这样的教学双边活动，在一定程度上也是一种审美活动。体育教师的动作不美，就极易走向其反面，带来粗鲁、缺乏教育和野蛮的坏印象。作为一名体育教师，应注意结合体育教学对学生进行美的教育，讲授一些基础的美学知识，帮助学生树立正确的审美观，并在示范动作准确的前提下，力求把动作做得轻松、优美一些，达到能吸引学生产生兴趣的目的，为学生掌握技术动作创造良好的条件。对美漠不关心的人，极易将美的现象轻轻放过。教育者的吸引力如何，对提高教育结果有不言而喻的价值。这种魅力表现出的明显价值，是把教育者的态度和能力提高到美学的高度。将教育者的感受和能力纳入美学的范畴来考虑，这是对教育者自身的要求。

审美意识需要启发，这最先取决于教师对体育美学问题的掌握情况，同时尽量客观地分析这种有意识的美在教学过程和训练中有没有获得高度重视。孔子说："知之者，不如好之者，好之者不如乐之者。"他把乐之、好之看作知之的台阶。在体育教学中，教师应善于捕捉适当的审美内容和时机，从而提高学生的学习效率，成为学生把握知识的特殊工具。当体育舞蹈作为一种形体美的活动在教育中实施时，美感无疑是被重视的，在运动中含有美的因素，作为愉快的内部体验和自觉的审美意识的反映，无论如何也是一种审美的启蒙。对于学生来说，教师可以通过各种形式的活动来吸引他们对体育的兴趣，并通过美学的分析讨论来打开他们对运动和体育的审美眼界，即视觉上的审美体验。

可以说，体育课的教学就是一种健与美充分结合的教学。为达到身体的健康，在体育活动中应当着重培养学生对美的感受能力，推动学生更加高效地掌握技术要领，促使体质更加强健，同时形成健康向上的性格。对于不同部位的动作协调，应当做到优美大方、富有活力，进而激发和增加学生对体育活动的兴趣。作为一名体育教学工作者，应当培养自身对现实中美的感受能力、判断能力以及评价能力，深入探究某些美感的生理根源、心理根源以及社会根源，从科学的意义上懂得美，懂得审美的常识。这样才能以高尚健康的美育贯穿于体育之中，帮助我们的下一代具有美的情感，更好地认识世界和认识生活。

## 二、体育教学的德育功能

### （一）体育教学与道德教育的关系

**1. 道德教育的实现要以体育教学为主要途径**

体育教学根本目标是强化学生体质，推动学生身心健康发展，将学生培养成全面发展的社会主义建设者。由此可见，道德教育是体育教学中的一项重要内容。除此之外，体育教学具有多元化的教学形式，是借助很多种身体练习与身体活动完成教学过程的，整个过程的方方面面均渗透着道德教育，如此常常可以获得事半功倍的教学效果。

**2. 体育教学质量的提高在一定程度上得益于道德教育**

体育教学不仅是道德教育的一项重要途径，还是提升体育教学水平的一项重要途径。这主要是因为，要想使学生积极主动地参与体育课，就必须使学生对于体育学习的结果产生一定的认识和理解。通过道德教育，能够使学生的思想认识水平有所提高，学习态度有所端正，对体育学习的认识进一步提高，等等。从而使他们在体育训练中能够达到克服困难、完成教学任务的目的，进而使教学质量得到有效提高。

### （二）道德教育对体育教学的影响

对于体育教学来说，道德教育的主要作用反映在以下两个方面。

一方面，道德教育能够直接作用于学生的全面发展。借助道德教育理论和实践相结合的教学方式，可以把学生的身心活动、理论和实践、思维和动作统一起来，同时能进一步强化学生的理想信念，使学生知、学、行之间的统一性得到强化与深化，由此充分统一学生体育运动的能力与思想意识，最终发展成全面的优秀人才。

另一方面，当前社会与经济的不断发展以及文化的多元化，对学生的综合素质提出了更高的要求。同时，这也是学校教育工作的需要。学生时期是一个人学习系统的道德知识，树立理性的道德观念，拓展道德实践空间的一个关键时期，在这一阶段的体育教学中渗透道德教育，能够将我国优良的品德传授给学生，使学生对他人对社会都有积极的影响和贡献。

### （三）体育教学中德育的内容

#### 1. 体育教学中德育的基本内容

针对学校体育教学承担的德育任务，学校对教育的整体目标做出了相关规定。立足于德育内容的角度来分析，能够把学校体育中的道德教育划分成两个层次：一个层次是学校体育中需要承载的道德精神教育，具体由民族精神、时代精神、个体道德主体精神等组成；另一个层次是可以在纪律和制度性层面获得全面体现的道德规范教育，这个层次与人们对既定道德准则、规则一定的具体行为方式能否被社会和群体获准的标准地遵从有着密切的联系。就现阶段来说，学校体育中的德育内容有思想教育、理想教育、法治教育、政治教育、狭义的道德教育、非智力因素教育、社会适应能力培养等，部分学校还将心理教育和个性培养列入其中。

让受教育者能"知德行善"，从根本上促进人的全面发展，是德育的主要目的。当前大学生德育要紧扣理想信念这一核心，对大学生进行正确的世界观、人生观和价值观教育，弘扬和培育民族精神，进行爱国主义教育，加强以基本道德规范为主要内容的公民道德教育，推进大学生素质教育，从而使他们能够成为有理想、有道德、有文化、有纪律的社会主义建设者。在体育教学中，道德教育应当在学校道德内容体系下完成，应当涉及学校德育的所有内容。换句话说，学校德育内容应当在体育教学中具备特定的体现与投射，由此产生以爱国主义、集体主义、社会教育为核心内容和比较稳定的教育内容体系。

详细来说，体育教学中内容体系应当涉及以下内容。

（1）爱国主义教育：中华民族爱国主义传统教育，中国近、现代史教育，中国国情教育，热爱社会主义祖国教育，民族团结教育，国防教育和国家安全教育。

（2）党的路线方针政策和形势教育：党的基本路线教育，国内外形势与政策教育。

（3）民主、法制教育：社会主义民主教育，社会主义法制教育，纪律教育。

（4）人生观教育：人生价值观教育，人生理想教育，人生态度教育。

（5）道德品质教育：中华民族优良道德传统教育，社会主义道德教育，社会公德教育，职业道德教育。

（6）学风教育：学习目的教育，治学态度教育。

（7）劳动教育：劳动观念教育，劳动态度教育，热爱劳动人民教育。

（8）审美教育：审美观念教育，审美情趣教育，审美能力培养。

（9）心理健康教育：心理健康知识教育，个性心理品质教育，心理调适能力培养。

从实际情况来说，牵强或没有遗漏地把德育内容添加到体育中是不适宜的，分析道德教育在体育教学开展的现实兼容性与可操作性得出，学校体育并不是对任意种类的道德教育内容都具备相同的承载性，换句话说，就是并不是所有道德内容教育均可同等重要地借助学校体育来顺利开展。

2. 体育教学中隐性德育课程的功能

就现阶段的体育教学来说，通常会有针对性地开展部分隐性的德育课程，同时这些课程常常拥有十分重要的多元化功能，这些功能往往会在体育课程学习过程中促使学生主动调节自身的道德情感与品德行为。详细来说，体育教学中隐性德育课程的功能反映在以下几点。

（1）价值导向与激励功能。价值导向与激励功能是指积极引导学生品德成长方向，充分激励学生的品德发展。这项功能主要反映在学校物质环境与学校精神文明两个方面，具体如下。

①学校物质环境。苏霍姆林斯基指出：儿童在自己周边时常看到的事物，都会对其精神面貌产生深远影响。教育者意愿往往能从课堂设计与课堂布置两个方面展现出来，如可以在体育场周围塑造运动拼搏造型的雕塑，体育设施的设计和修建都应体现对学生的关怀与尊重，要考虑学生的兴趣和偏好。

②学校精神文明。如晨跑等日常体育活动的开展、各种体育竞赛的举行，既吸引了学生参与，又向学生宣扬了拼搏奋进、坚持不懈的精神。另外教师对学生的期望，表达奖惩的方式等都是刺激学生品德发展的因素。教师在进行评价时要公平、公正，合理客观地看待学生，发现学生身上的个性特点，因材施教。

（2）陶冶熏陶功能。陶冶熏陶功能是指创设与利用具备教育意义，能对学生提升个性品质与道德品质发挥积极作用的情境氛围，向受教育者发挥潜移默化的作用。站在心理学教育来分析，人的情感往往能够产生在特定情境中，情感的一项显著特点就是"情景性"。正如苏霍姆林斯基说的："对周围世界的美感，能陶冶学生的情操，使他们变得高尚、文雅、富有同情心，憎恶丑行。"

在体育教学中，隐性德育课程能够给学生带来有助于内化的情感体验和能够深层次感悟的现实情景，要想实现就需要利用特定的途径。具体来讲，实现途径主要由以下三个方面组成。

第一，学校物质环境。体育场馆的布局、建筑的分布、雕塑艺术作品、绿化等，以及运动训练区和活动休憩场所的安排等都能引起学生对美的向往和追求。优美的绿化可以激起学生热爱生活、热爱大自然的情感，而且具有怡情养性、抚慰心灵的作用。

第二，体育教师的人格。模仿是学习的重要方式，学生在校学习期间接触最多的成人就是教师，教师就是一面折射生活中是非、善恶、美丑的镜子。教师的人格影响教师的威信、师生关系，而且间接陶冶学生的人格。

第三，教学的陶冶。教师别具一格的艺术化教学方式和教学方法、个性化特征和艺术化特征显著的教学风格、优美的体态言语等，不仅能有效改善教学效果，还能充分激发学生对体育的兴趣，也能由此产生主动的学习动机与学习态度。

陶冶氛围不但是一种心理气氛，而且是一种文化气氛，此类氛围能够对学生心理产生深远作用。就学校体育课堂的氛围来说，不仅对生活在这种氛围中的学生具有同化力，还能创造出主动的精神氛围，在师生共同参与的情况下创造学习、精神状态、价值观念以及行为方式，从而让学生的价值观念与行为趋于一致。

在师生交往与同伴交往中产生的互动与交流，将会由此产生高校环境中独特的人际交往环境。高校教师对大学生的关怀和期望，同学间的友谊和互相帮助都使学生产生对集体和学校的归属感、认同感，激发出健康的情绪体验。学校举行的各种常规体育锻炼如晨跑等活动，也是一种气氛的创造，这也将努力克服困难的意志品质和拼搏进取的精神追求充分发扬了出来。

（3）行为规范和道德自律功能。体育教学中的隐性德育课程能够对学生的道德行为产生约束作用与规范作用。教师能够借助期望、暗示、约束等措施对学生产生潜在的心理压力和动力，使隐性德育课程具有一种内驱力，让学生感觉到自己是一个被尊重的道德主体，从而自觉地按照要求来对自己的行为进行有效的规范。如果学生处在坚持提升自我的群体氛围中，就能逐步战胜懒惰松懈的心态；如果其他学生都在坚持，则自身也不会随意言败。对于学生不良品质和不良行为来说，积极健康的群体氛围比有形规章的约束力更大。

著名心理学家皮亚杰认为，人的道德发展是从他律走向自律的过程。高校学生虽然在生理发育上已接近成熟，但在心理上却还存在发展的空间。隐性德育课程通过教育环境和教师的道德行为和情感表现等影响学生，使学生自发地调整自己的认识，规范自己的行为。例如，体育教师能够借助体育课堂中的多种活动来反映出活跃民主的道德氛围，从而让所有学生都可以自由表达观点，在构建良好道德氛围的基础上发展学生道德行为。

## 三、体育教学的智育功能

### （一）培养和发展学生的观察力

观察力是人产生认识事物的第一视觉信号。学生在学习某一动作时，首先要通过观察建立正确的技术印象。现代体育运动的过程千变万化，速度越来越快，技术越来越复杂，没有敏锐的观察力，要掌握某项动作技术，是十分困难的。在体育教学活动中，我们经常通过示范法、挂图法、电教法等直观手段来提高学生的观察力。教师在教学实践中，经常安排一些由简到繁的徒手练习，要求学生模仿。例如，在教立定跳远之前，先让学生跟着老师学"小青蛙"模仿操，学生在"小青蛙、呱呱呱，别看我小本领大，捉个害虫保庄稼"的儿歌中快乐地跳着，这样教立定跳远就轻松多了。教师示范时，要提醒学生注意观察。必须注意到学生的观察力是有差异的，有的精细快捷，有的粗略迟缓，教师的教学应随不同学生的情况做有针对性的调整。由此可知，体育教学活动中应当充分发挥各种方式的作用，大力开发学生观察力。

### （二）培养和提升学生的想象力

以头脑中已经存在的表象为依据，经过思维加工来建立崭新表象的过程，即想象力。在体育教学过程中，学习任何新动作都需要想象。由于球类活动与游戏活动存在多变性与复杂性，所以参与者应当灵活调整自身行为，同时能够预见出行为的后果，这种预见需要具备丰富的想象力。

例如，一个缺乏想象力的篮球运动员，不可能在严密防守下组织起有效的进攻；一个缺乏想象力的足球运动员也很难在对方球门前演出精彩的射门场面。课堂上一个学生就是一个姿态，一个学生就是一个故事，一个学生就是一个情感世界，这就要求我们充分尊重学生的个体差异，一个小手势、小尝试、小变革、小活动都是成功的开始，自主、合作、探究的学习方式让学生的想象力如花绽放，使他们的创新能力充分张扬。

### （三）开发学生的思维力

思维就是人脑间接概括客观事物的反映过程。人与人之间的智商不存在巨大差异，使人们的成就出现天壤之别的原因是思维。相关研究证实，运动过程中的思维是直接和动作有机结合的，因为体育运动的动作速度很快，使得思维活动得不到高速运行，必须在特别短的时间内完成分析、综合、比较、抽象、概括等思维的整个过程，球类比赛中动用不同战术就是这样。有人把体育比赛说成是"斗智斗勇"，是很有道理的。如在普及广播体操《希望风帆》教学过程中，第三节踢腿运动，学生总是出错腿，针对这一情况，教师可以编一句顺口溜"先出左脚踢右脚，再出右脚踢左脚"，让学生边说边做，纠错率极高。教师还应在体育教学过程中用形象生动的语言讲解动作要领，纠正易犯错误，启发学生的思维能力，使学生动手动脑，从而提高学生认识问题和分析问题的能力。

### （四）发展学生的注意力

注意力是心理活动过程中对特定事物的指向与集中。体育运动往往要求参与者高度集中注意力。短跑过程中的起跑，不仅要求运动员将所有注意力都集中在听觉上，而且要在最短时间内做出起动反应；在进行排球比赛时，接发球的一方队员需要将全部注意力都投入到来球飞行路线上，同时精确判断落点；在参与足球比赛的过程中，作为防守队员，应当将注意力逐步由一名控制球的队员身上转移到另一名控制球的队员身上，对于进攻队员对对方队员的意图和想法，本方队员在跑位与配合过程中应当时刻关注，同时随时做出相应的反应。由此可知，在各种各样的体育运动中都能够有效培养与锻炼学生注意力的集中与分配，以及注意力的广度与转移。

### （五）增强学生的记忆力

记忆力是人脑对曾经经验过的事物的反映。人脑的记忆很强，据说，如果把世界上最大的图书馆——美国国会图书馆的全部藏书存储在人脑中，也只占脑容积的20%，可见人脑的记忆潜力是巨大的。记忆的存储需要有蛋白质的合成，这种合成受核糖（RNA）的支配，体育锻炼则能提高人体RNA的含量。动物实验表明，受过运动训练的动物脑细胞蛋白质合成过程远比未受训练的动物活跃，马戏团里一些动物令人叹为观止的表演，正是这些动物经过运动训练记忆力大大提高的证明。事实证明，经常参加体育锻炼的学生，他们的感觉记忆、短时记忆和长时记忆都比不爱运动的学生强。由此可知，促使学生从小养成锻炼身体的良好习惯对强化学生记忆力具有积极作用。如果说体育的智育功能是一种潜在的经过长期潜移默化方可见效的功能。那么，体育活动对于大脑疲劳的消除，学习效率的提高都会起到积极的促进作用，而且其产生的效果多是立竿见影的。

综上所述，可以得知，一个从小就与体育运动绝缘的孩子，绝不可能成为智商较高的全面发展的有用之才。体育对于开发儿童少年智力的作用，是不容低估的。

需要反复重申的是，体育除了对学生的观察力、想象力、思维力、注意力以及记忆力有积极影响外，对学生的很多非智力因素同样具备深远影响。非智力因素是智力因素得以发展的重要动力。在学龄阶段，不同种类的体育运动能够对少年儿童的个性发挥有十分显著的陶冶作用。学生如何对待集体在相关竞赛中的输赢，如何战胜困难顺利完成锻炼任务，自身在体育竞赛中获胜应当如何，自己失利以后应当如何，这些都使学生的性格特征得到方方面面的考验与锻炼。

# 第四节　体育教学的文化功能

## 一、体育教学对学生体育文化素养的培养

体育教学可以实现对学生体育文化素养的培养。体育文化素养培养的内容有很多，主要包括体育知识、体育意识、身体素质、基本运动能力、体育项目技能、运动处方能力、体育保健知识、体育行为、体育道德等，下面进行具体阐述。

### （一）体育教学对学生体育文化素养培养的内容

1. 对体育知识的传授

体育知识是大学生参加体育运动的基础，通过体育教学，可以使大学生对体育知识有一定的认识和了解，从而保证各项活动的顺利开展。体育教学中，需要学生学习和掌握的体育基本知识主要包括以下几个方面。

（1）运动与健康的关系，了解运动对健康的影响，掌握如何运动才能合理地促进健康。

（2）掌握必要的体育基础知识，对体育有一个正确的价值观，掌握一些运动项目的常识，知道其比赛规则等。

（3）了解体育的历史，掌握一些项目的体育文化，对其发展的趋势有一个清晰的判断。

2. 促使学生形成一定的体育意识

意识是任何行为的前提和基础，体育意识，是指人们在参与体育运动的过程中形成的对体育的认识和了解，以及由此产生的思想观念、心理活动的总和。它主要包括人们对体育的认识与理解、体育参与的意识和终身体育的意识等。通过体育教学，可以促使学生形成一定的体育意识。体育意识的形成对于学生参与体育运动是一种积极的动力，同时也是

体育运动效果得到保障的前提。体育意识需要在日常生活中慢慢形成，除了在体育课上形成体育意识，通过参与体育运动和比赛，也可加深参与者的体育意识，同时在校园中创造一定的体育文化氛围，也能不断强化大学生的体育参与意识。

### 3. 提高学生的身体素质

身体素质是人参与一切体育运动的前提，只有拥有良好的身体素质，才有可能形成良好的体育文化素养。身体素质主要包括五个方面的内容，即速度、力量、耐力、灵敏、柔韧等。通过体育教学活动，可以促进大学生进行体育锻炼，形成良好的运动习惯。此外，大学生可以通过参加国家的体质测试项目，来获得自己的身体素质指数，针对自己的薄弱环节进行练习，从而不断提高自己的身体素质。拥有了强大的身体素质，才能在体育运动的道路上走得更加坚实。

### 4. 提高学生的基本运动能力

在大学生的日常生活中，离不开一些最基本的动作，如走、跑、跳、投、攀登、爬越、翻转、支撑等，这些都是人体的基本运动能力。基本运动能力是参加体育运动及相关比赛的重要基础，只有不断提高自己的基本运动能力，才能在体育训练过程中，更加游刃有余，不断超越自己。在体育教学过程中，要不断提高学生的基本运动能力，在训练和提高这些基本运动能力的时候，往往非常枯燥，体育教师或自身应该创造出一些活动，如体育游戏等，不断加强对基本运动能力的训练，从而为参加其他体育活动打好基础。

### 5. 促进学生掌握一定的体育技能

掌握一定的体育项目技能是大学生体育文化素养中的关键，也是最重要的一部分，通过体育教学活动、体育社团活动等，可以训练自己的体育项目技能，提高自己的运动技术水平，并不断学习运动项目知识。此外，通过参与相关项目的比赛，可以掌握项目的技战术，提高自己的体育技能水平。体育教学是学生体育技能形成的主要途径。

### 6. 使学生掌握一定的运动处方知识

如何科学地参与运动，懂得制订合理的运动计划也是每一位大学生必须掌握的体育文化素养。从这个角度讲，体育教学过程中，让大学生掌握一定的运动处方知识是非常有必要的，通过了解自己的运动需求，根据自己的兴趣，结合实际情况，制订一个属于自己的运动处方计划，可以更好地指导自己的运动，形成良好的体育文化素养。

### 7. 使学生掌握必要的体育保健知识

在体育教学过程中，必须指导学生掌握一定的体育保健知识。体育保健知识是指，大学生要学会运用医学保健的知识和方法，对自身进行医务监督和指导，使体育锻炼能更好地增强体质、增进健康、提高运动技术水平和效果。掌握一定的体育保健知识，可以使大学生形成良好的运动方式，减少运动损伤的出现，是大学生体育文化素养的一个重要部分。

**8. 使学生形成一定的体育行为**

在体育教学过程中，除了在体育课堂上教授学生一定的体育技能外，还要促使学生逐渐形成一定的体育行为。这里的体育行为主要指的是，大学生在课余时间进行的体育活动行为，主要包括体育消费、健身锻炼等；体育消费主要包括，体育观赛消费、购买体育服装、订阅体育杂志等；健身锻炼主要是指，大学生利用课余时间进行健身锻炼，提高自己的体育运动水平等，体育行为是反映大学生体育文化素养的重要标志。

**9. 使学生形成良好的体育道德**

体育教学过程中，往往会通过举办体育比赛等来提升学生的体育文化素养。体育道德是体育比赛中的重要方面，它表现出一个人在日常的体育生活过程中养成的体育道德规范，是体育道德在个体体育行为中的具体体现。一名学生如果具备良好的体育道德，那么就会在参与体育运动的过程中表现出稳定的心理特征和个性倾向。体育道德要求大学生在参与体育比赛的过程中，遵守规则，追求公平公正，严格要求自己，形成正确的、积极的体育道德。学校在平时的校园运动会上，应该设立体育道德风尚奖，鼓励每一位大学生进行公平的竞争，从而促进他们体育文化素养的健康发展。

总之，通过体育教学，可以促使大学生形成一定的体育文化素养，并不断进行完善和提高。

## （二）体育教学中体育文化素养培养的对策

在体育教学过程中，为了进行体育文化素养的培养，可以采取的对策和建议主要包括以下几个方面。

**1. 转变学生体育观念，形成正确的体育观**

现在的大学生对于体育的认识还不足，几乎还停留在体育就是跑跑跳跳，没什么技术含量的阶段，认为参加体育活动的目的就是为了强身健体，谈不上什么体育文化素养，所以，不会加强相应方面的学习。因此，在体育教学过程中，必须首先改变学生的这种观念，通过各种途径和手段，宣传体育的多功能价值和作用，引导学生参与体育运动，让他们享受参与体育运动带来的乐趣、成就感和获得感，从而树立正确的体育观念。

**2. 改变教学理念，培养终身体育的参与者**

在学校体育教育中，要想加强学生体育文化素养的培养，就必须改变体育教师的教学理念、手段和方法，突出学校教育的现代化特征，以一种全新的体育教学观来审视、开展学校体育活动，将体育课理论教学、技能传授、课外体育活动等有机结合起来，从而实现对学生体育文化素养的全面塑造。具体来说，在体育教学活动中，各高校要开展多种形式的体育课，满足不同学生学习和锻炼的需求。另外，体育教师要将理论知识同运动项目技术、技巧的传授结合起来，促进学生全方面发展。

此外，随着现代教育和体育的不断发展，终身体育的观念不断深入人心，体育教育过程中，也应该贯彻这个观念，从培养终身体育的参与者出发，改革教学的方法和手段，更新教学观念，改变教学内容，不断吸引学生参与到体育活动中去，努力培养终身体育的参与者。

### 3. 丰富体育课程的内容

在体育教学中，要想更好地提高学生的体育文化素养，就必须丰富体育课程的内容，加大课程开发的力度，利用好学校的现有资源，不断增加体育课程的新内容。学生对周围的事物充满好奇心，利用这一心理特点，学校相关部门应多开设一些符合学生兴趣、爱好和有利于终身体育行为的体育课程内容。除了开设深受学生欢迎和喜爱的运动项目，如篮球、羽毛球、乒乓球、网球等球类运动项目，还可以开设健美操、交谊舞、形意拳、轮滑等特色项目，有条件的学校还可以开设符合地方特色的民族传统体育项目，使体育课程的内容得到丰富和完善，从而吸引更多的学生参与到体育课程中来，不断提高自己的体育文化素养。

### 4. 完善体育教学的手段与方法

学生的体育文化素养培养不是一蹴而就的，必须通过一定的教学手段和方法不断实现。因此，在体育教学过程中，不仅要丰富课程的内容和形式，还要不断丰富体育教学的手段和方法，通过先进的教学手段与方法的运用，让学生的注意力、观察力、想象力和记忆力均处于积极状态，培养他们独立分析问题和解决问题的能力，从而激发学生主动参与体育运动锻炼的兴趣，这对于体育文化素养的培养是极为有利的。现代体育教学的手段和方法，应该紧跟时代，不断丰富和完善，采用多媒体手段，引进国外先进的体育教学方法，运用现代教育技术来不断完善现有的体育教学手段和方法。

### 5. 营造良好的体育活动环境

对于学生来说，给他们塑造一个良好的体育活动环境非常重要。因为人的情绪会随着周围环境的变化而变化，良好的环境，有助于调动人的积极性。在体育教学中，要给学生建立一个相对宽松的参与体育和锻炼的环境，营造一种乐观向上、紧张有序的教学氛围，这种积极健康的体育教学环境，对增强大学生的身体素质，促进大学生的身体健康是十分有利的。

要想建立一个适合学生参与运动锻炼的体育活动环境，首先要做好场地、器材的管理，因为场地和器材是学校体育活动开展的物质条件。目前，总体上来看，我国一部分学校缺乏专门进行体育活动的场所，这在很大程度上制约和影响着学校体育教学的发展。因此，学校相关部门要高度重视学校体育基础设施建设，充分依据学校的规划和当地的自然资源，因地制宜，全面满足学生对体育场所的需求，为学生营造一个良好的体育运动的环境，从而为学生体育文化素养的培养奠定坚实的物质基础。

6. 激发学生的体育兴趣，融入快乐元素

体育教学活动是一个严肃的过程，有其自身的特点，一些体育运动项目的运动强度比较大，如足球、篮球等，学生在长时间练习后容易产生一定的疲劳感，有时甚至会发生运动损伤，这会给他们参与运动锻炼带来一定的心理压力，甚至产生厌烦的情绪。这时就要采取各种有趣的教学形式来进行各种教学活动，从而激发他们上体育课的兴趣，提高他们体育学习的积极性。此外，在教学过程中，应该注意引入快乐的元素，如每节课之前的体育游戏活动，让学生在艰苦的体育课程学习中体会到运动项目的乐趣，从而更好地参与其中，不断提高自己的体育文化素养。

7. 塑造良好的校园体育文化氛围

每一座校园都有独特的文化氛围，随着现代社会的不断发展，学校中的体育氛围也越来越强烈，如篮球联赛、足球超级联赛等赛事的举办，吸引了大量学生的关注，因此可以利用这些赛事的举办，不断熏陶学生的体育文化意识，增强他们的体育文化素养。

8. 构建多元化的体育素养培养模式

体育文化素养的培养和形成，还需要建立一个科学、完善的培养模式。这就需要将体育素养培养的手段进行整合，构建一个易于操作的教学模型，这样才能充分调动学生学习体育的积极性，进而全面提高学生的体育文化素养。

在学校体育教学中，内容有很多，方式也多种多样，因此可以组织丰富多彩的体育活动来激发学生参与体育运动的热情。另外，还可建立和组织一系列运动锻炼小组，选出小组长领导和组织学生进行日常锻炼，对于一些缺乏运动兴趣的学生给予一对一的指导，使其逐步融入锻炼小组中。与其他小组成员之间的沟通与交流，能帮助他们建立参与运动锻炼的自信心，这样学生在长期的运动锻炼的沟通和交流中能很好地掌握运动技能和体育常识，进而促进体育文化素养的形成和发展。另外，体育课教学还可以采用分组教学和课外体育俱乐部相结合的学习形式，这有利于大学生体育兴趣和终身体育意识的培养和提高。

随着现代学校教育改革的逐步进行，体育教育也要迎头赶上，要不断建立现代化的教育理念，不断丰富和完善体育教学的内容和形式，不断革新体育教学的手段与方法，从而构建一个多元化的体育教学模式和体育文化素养培养模式，这样才能促进大学生自身综合素质的提高。

9. 建立体育素养评价的指标体系

目前，"终身体育"的观念和意识已深入人心，但总体来看却没有得到很好的贯彻，这种观念和意识只是停留在口头和头脑中，欠缺实际行动。因此，这就需要学校相关部门及体育教师采取必要的手段和措施将终身体育锻炼的思想与学生的体育态度、兴趣、终身体育意识、习惯和能力等纳入学校体育课程评价体系中，将其作为体育课程教学的重要部分。这对于学生体育文化素养的培养和提高是极为有利的。

在终身体育思想下，我们可以设计出以五项指标为主要内容的体育素养评价指标体系。这五项指标为：体能与运动素质、体育知识与技能、体育态度与情感、体育兴趣与习惯和自我健身管理的能力。其中两项为显性指标、三项为隐性指标。显性指标为体能与运动素质、体育知识与技能；隐性指标为体育态度与情感、体育兴趣与习惯和自我健身管理的能力。这几项指标的建立能从整体上突出学生的体育态度、兴趣、习惯和能力在学生终身体育评价中的重要作用，对学校体育教育改革具有重要的导向作用。在评价指标体系的具体操作上，可以采取"显性指标重视学习过程评价，隐性指标重视学习结果评价"的办法，在评价过程中要坚持"以人为本"的基本原则，注重学生情感和情绪的调控，争取最大限度地提高评价指标体系的可操作性。

## 二、体育教学对多元体育文化传播的促进

体育教学对我国的体育文化传播具有一定的帮助，主要表现在民族传统体育文化传承、健身休闲文化促进等方面。

（一）民族传统体育文化传承

体育教学过程中，通过对民族传统体育项目的教授，如武术、太极拳等，实现对民族传统体育文化的传承和发展。具体表现如下。

1. 民族传统体育项目的类型

民族传统体育项目，根据不同的划分标准可以分成不同的项目类别。民族传统体育项目可以单个出现，也可以是集体出现。单个出现的体育项目可以培养学生个人的生活方式和性格特征；集体出现的体育项目有利于增强合作意识、培养团队精神。通常情况下，在学校开展民族传统体育教学，宜选择一些集体性项目，这样有利于在集体教学中扩大课堂教学的影响。

　　民族传统体育项目按照性质、内容可划分以下几种。

　　（1）速度型。速度型是指体育活动以速度取胜为主。这类项目虽然主要是以自身的优势速度为竞争内容，但它也需要一定的战略技巧。许多项目都是以速度为标准要求的，如赛马、赛骆驼、姑娘追、滑冰、游泳、滑雪等。从地域条件来看，速度型的体育项目与地理环境的关系十分密切，我国民族传统体育活动中速度型项目主要分布于北方。这是因为北方的自然气候干旱，地域较为宽广，人们在这样的环境中生长，性格也变得粗犷起来，要想在夏季干旱、冬季寒冷的气候中生存，性格中自然而然就会带有勇猛的特征，因而他们所从事的体育活动久而久之也带有了这种特征。

　　（2）力量型。力量型是指体育活动以力量取胜为主。力量型的项目分为两种，包括集体型和个体型，集体型的力量比赛比较常见。下面对这两种类型进行详细介绍。

　　①集体型。在比赛中，光有力量是远远不够的，如何有效地使用力量才是最关键的。许多体育项目都是对力量的集中体现，如拔河、龙舟竞渡等内容。这些项目的最大特点就是需要集体的力量来完成，只有依靠集体的力量才能战胜对方。因此，团体协作就显得十分重要，每一个个体都是团体的重要组成部分，个体在这个集体中都必须严格履行自己的义务，保持高度的合作意识，与合作伙伴一起发挥自身的潜力。拔河是我国一项古老的体育项目，早在古书中就有记载。《封氏闻见记》上面就写道：在唐代时期，拔河已经是民间很普遍的一项活动，当时的方法是把数百条的小绳子，都系在大麻绳索的两端，然后绳子被拔河者挂到胸前，以双手挽住大麻绳索用力即可。当时，上千人都参加了这项活动。在今天，拔河运动仍然十分常见，它是贴近民众生活的一项运动，受到了民众的喜爱，我国的许多地方每逢开展各种体育活动时，都会将拔河作为活动项目之一。龙舟竞渡在江南地区最为常见，这也是与当地潮湿的气候、广布的河流分不开的。每年端午节龙舟竞渡的比赛最是隆重，许多人都会参与其中，成为一项大型的群众性竞技活动。比赛时，锣鼓喧天，人们摇旗呐喊，船手们齐心协力，喊着船号，奋力争先。岸边观看的群众人山人海，他们为参赛的选手加油助威，好不热闹。

　　②个体型。它是指以个人力量取胜的体育活动。主要项目包括投掷、摔跤、举重、押加、爬竿等。投掷在我国具有悠久的历史，汉族传统的击壤，游牧民族的打髀殖、掷"布鲁"等活动依然广泛流行于民间。许多少数民族都对摔跤颇为青睐，在体育盛会中都有这一体育项目。摔跤形式多种多样、各具特色。汉族摔跤最有特色的是有"摔跤之乡"称号的山西忻州的"挠羊赛"，"挠"为当地土话，意思是扛。该比赛在当地十分流行。蒙古族的摔跤也十分有名，它与赛马、射箭并称为蒙古族的"男儿三艺"，一年一度的那达慕大会更是跤手们一展风采的时候，获胜者的美名将传遍草原。

（3）智能型。智能型是指以智力取胜的体育活动。智力因素的运用在任何体育活动中都是必不可少的，甚至在许多项目中智力因素起着决定性作用，尤其是博弈类的项目。博弈从内容上分为吃子和占位两种，从方式上分为简易和华贵两种。博弈既是对智力因素的考验，也是提高智力的一种方式。不同的博弈对智力的锻炼效果不同，规范教育也各有千秋。目前，流行于各民族的博弈项目主要有方棋、五福棋、五子棋等。不同的民族对博弈项目的规则制定是不相同的。如在蒙古族中流行的象棋与汉族象棋不同，它没有河界，棋子满局行走，卒同车一样威风凛凛，来回行动迅速，颇有蒙古游牧民族纵横驰骋的气魄。学校广泛吸收这些优秀的项目可丰富校园课余活动，促进学生智力发展，生动有效地进行社会规范教育。

（4）技巧型。技巧型是指以技术取胜的体育活动。我国民族传统体育项目中许多都是技巧型的，它分布广泛，参加人数众多，项目数量也多。它主要分布在我国的南方，这是因为南方山环水绕，气候温和，农业精耕细作，物质条件优于北方，人的性格柔和温顺、灵巧精细、富于想象，这造就了南方人擅长技巧型的项目。技巧型项目的内容较多，且历史悠久，是各族人民都喜欢的体育活动，包括跳绳、武术、马球和上刀梯等。中国人最推崇的民族传统体育项目就是武术。东枪西棍、南拳北腿是武术中重要的组成部分。秋千的历史渊源可以追溯到春秋时期，当时秋千在山戎族是一种游戏，齐桓公出师讨伐山戎族，将秋千带回中原，后来，这种游戏就在中原逐渐传播开来。现在山东荣成盛行的"龙门秋"，山西长治流行的"车链秋"，云南少数民族地区活跃的"转转秋"和"磨秋"等都是秋千活动的一种。马球，史称"击鞠""击球"，古代民族对这项活动尤其喜爱，它是人们骑着马，挥舞着球杆，准确地击球射门的项目。跳绳、跳皮筋、踢毽子在我国学校的体育课堂上比较常见。

根据目前我国学校体育教学的理念，在学校开展民族传统体育教学，需要进行一定的选择。必须充分考虑学生的心理特点，选择那些便于实施开展的、具有民族特色的、具备推广价值的体育活动，如被选入全国少数民族传统体育运动会的项目，以及在各地区流行的民间传统体育内容都可作为学校民族传统体育的教学内容。

2. 民族传统体育引入体育教学中的对策

将民族传统体育项目引入体育教学，具有十分重要的意义。它不仅丰富了体育教学的内容，而且能有效激发学生的学习兴趣，同时又继承和弘扬了各民族优秀传统文化。在民族传统体育发展的过程中，要采取多方面的措施加强与学校体育的结合及发展。

（1）重视培养民族传统体育教师和体育人才。师资力量对民族传统体育教学的发展具有极为重要的影响，因此，在今后的发展道路中，加强民族传统体育师资建设就变得尤为重要。具体解决这一问题的措施主要有：加大民族学生在体育院校的比例，增设民族传统活动的课程，加强民族传统体育教师的培养和培训等。

（2）加大民族传统体育文化的弘扬力度。民族传统体育也是文化系统的一个重要组成部分，各个民族都依靠自身的天然条件将其优势发挥出来。民族传统体育是各民族广大群众乐于参与的社会活动，有着广泛的民众基础。学校课堂引入民族传统体育项目，也对学生深入了解民族传统体育，弘扬民族传统体育文化具有重要的意义。另外，中华民族传统体育中有一部分项目本身就与现代奥运会的竞赛项目相接近，如哈萨克族、维吾尔族的赛马，锡伯族的射箭，蒙古族的摔跤，苗族的赛龙舟等。如果学校引入了这些体育项目，并且能够合理地对学生进行系统培训，那么，我们国家就会存储一批竞技体育的人才。

（3）加强民族传统体育教学大纲与教材建设。要将民族传统体育项目引入我国的学校体育课堂，就要做好以下几方面的工作。第一，确保民族传统体育教学的方向正确无误，能够科学、合理地制定教学大纲。第二，要选取符合学校实际情况的体育项目。开设的民族传统体育项目要能符合当地的风俗特色和学校的实际情况。第三，创新民族传统体育教材，建立一个规范完整的民族传统体育教材体系。

（二）健身休闲文化促进

在体育教学过程中，最重要的是可以促使学生形成一定的体育运动习惯，形成一定的健身休闲文化，从而促进我国体育的快速发展。

1. 健身休闲文化的功能

通过体育教学活动，传递给学生一定的健身休闲技能，可以促使学生在业余时间参与休闲体育运动，养成良好的休闲习惯，从而形成一定的健身休闲文化。健身休闲体育作为一种发展迅速的社会活动，其主要的功能体现在以下几个方面。

（1）健康功能。现代社会的高速发展在给人们带来物质极大丰富的同时，也给人们带来了众多的健康问题，出现了诸如肥胖症、高血压、高血脂等一些现代文明病和富贵病，这些病正不断威胁着人类的健康。而现代科学研究表明，体育运动对增强人的体质、保持旺盛的生命力、防病祛病、延年益寿有积极的作用。通过参与丰富多彩的休闲体育活动，可以促进中枢神经系统、心血管系统、呼吸系统等的工作能力，提高人体的适应能力、免疫力和抵抗力等，以满足人们工作、学习和生活的需要，人们可以获得健康的身体和愉悦的身心。研究显示，运动有助于降低抑郁和焦虑，运动时产生的内啡肽可以让人产生"天然的舒畅感"，一些温和的运动如散步、跳舞或瑜伽，可以增加多巴胺和去甲肾上腺素的分泌，从而大幅提高血清素，做这类运动非常有益健康。此外，休闲体育可以使人的心理变得健康，这是因为，通过参与休闲体育活动，可以增加人们社会交往的机会，满足人们之间互动的需求，通过人与人之间的交流，可以缓解压力，促进心理的健康。

总之，通过参加休闲体育活动，可以让人身心健康成长，提高生活的乐趣，提升生命的质量。

（2）娱乐功能。现代社会中，休闲体育承担起了一定的娱乐功能。休闲体育越来越受到人们的欢迎和喜爱，主要是因为休闲体育活动强调的是回归自然，身心放松，其特点是简便易行，对技术、场地设施的要求不高，老少皆宜。休闲体育项目极为丰富，从传统体育项目如球类、田径，到新兴体育项目如攀岩、蹦极、滑翔，以及人们日常生活中的远足、骑车、慢跑等都是休闲体育活动的内容，休闲体育项目具有冒险性、挑战性、新颖性、刺激性、趣味性等特征。由于没有竞技体育那样激烈的对抗，对技术动作也没有严格的要求，使人处于一种快乐、享受状态之中，人们可以根据实际情况，自由选择自己所喜爱的体育项目、方式、时间，依照自己的意志和想法，自由自主、轻松愉快地从事体育活动。另外，休闲体育活动还可以在大自然中进行，这样既可欣赏到大自然的美景，又可体味到自身活动的乐趣。总之，参与休闲体育活动可使人们摆脱以工作为中心的单调生活，人们在寓教于乐的过程中，可以消除疲劳，净化自己的情感，获得成功和满足感，享受到生活的乐趣。

（3）社会安全阀功能。现代社会压力大，压力导致了一些"社会疾病"，如犯罪或吸毒的发生，而休闲体育活动，在一定程度上可以起到"安全阀"的作用。这是因为人们通过参与休闲体育活动，可以消耗自己过剩的精力，改善社区生活的质量，避免暴力，并使青少年远离毒品和赌博场所，减少犯罪的概率，通过参加一些集体体育活动，可以满足部分青少年的团体和"帮派"需求，在一个良好的团体组织中成长，从而减少不良行为的发生。总之，休闲体育活动可以很好地促进社会平稳有序地运行。

（4）教育功能。休闲体育的教育功能体现在，休闲体育不仅仅是一种单纯的娱乐性活动，还是一个自我学习、自我完善的教育过程。在这一过程中，人们可学习运动技术，发展体能，培养人际交往能力、协作精神，增强自信心和竞争意识等。在参与休闲体育的过程中，人们不仅可以学到相关体育技能和健康知识，还可以促进心理健康，使身心充分自由地均衡发展，从而达到完善自我的目的。

（5）经济功能。休闲体育产业是体育产业中非常重要的一个组成部分，可以促进体育消费，刺激经济的增长，具有很好的经济功能。休闲体育产业主要包括健身休闲产业、体育旅游产业、体育赛事产业等，是一项朝气蓬勃的产业。

通过上述健身休闲文化的功能，我们可以看出，通过体育教学的活动，对于促进学生养成运动习惯，传播体育文化具有很强的现实意义。

2. 健身休闲文化的教学建议

在体育教学活动中，应该不断加大一些休闲体育项目的引进力度，这些项目往往具有先进性和新奇性，可以吸引更多的学生参与其中。此外，可以将体育教学课同课外实践结合起来，引导学生去参与户外运动，比如定向、登山、攀岩等，可以促进学生参与体育教学的积极性。

在体育教学过程中，应该不断向学生讲述休闲健身的价值以及功能，并鼓励学生积极宣传健身休闲的文化，在丰富教学内容的同时，提高健身休闲的文化传播度。

# 思考与练习

1. 如何选择体育教学目标？
2. 体育教学对学生的心理健康有什么作用？
3. 体育教学有哪些具体的育人功能？
4. 体育教学对多元体育文化传播的促进表现在哪些方面？具体有什么促进作用？

# 第三章  体育教师专业发展的标准与进程

## 第一节  体育教师专业标准的内涵及地位

体育教师是教师的重要组成部分，"体育教师专业标准"即可理解为"教师专业标准"在"体育学科"的具体化。因此，根据"教师专业标准"的定义，"体育教师专业标准"是指"由国家权威教育行政机构依据相应的教育政策与法规颁布的，对体育教师作为专业人员的各种结构要素的基本规定，是指导和衡量体育教师队伍在职前、入职和在职三个阶段专业发展的基本准则和重要依据"。

### 一、体育教师教育课程标准的内涵分析

无论是对于职前体育教师的培养、新体育教师的入职研修，还是对于职后体育教师的专业培训，都必须以课程为载体而实施。当然，对于课程的理解必须多样化，要避免那种认为传统的"自上而下"的课堂教学才有课程的狭隘观念，正确看待理论课程、实践课程、综合课程、活动课程等多种课程类型的存在。但遗憾的是，目前中国不同体育教师教育专业学生的课程设置千差万别，缺乏基本的共性，这不利于体育教师的培养，在一定程度上会导致不同学校培养的体育教师质量的差异性。而职后体育教师培训的课程则显得较随意，不同地区的培训课程千差万别。因此，构建体育教师教育课程标准，促进课程设置的科学化与系统化，对于全国范围内体育教师培养与培训质量的提升大有裨益。

2011 年国家颁布的《教师教育课程标准（试行）》中，从基本理念、课程目标、课程设置与实施建议等几个方面进行了清晰的界定。尤其突出了"育人为本、实践取向和终身学习"的导向，从教育理念与责任、教师知识与能力、教育实践与体验三大领域出发设置课程目标，并规定了三年制专科、五年制专科和四年制本科不同学制教师教育类课程的设置建议。作为教师教育课程的组成部分，体育教师教育课程标准应以《教师教育课程标

准（试行）》为依据，并在这个框架内进行有针对性的学科细化。第一，体育教师教育课程标准的基本理念要体现"健康第一"的指导思想，即体育教师教育课程标准的设置是为了更好地培养和培训教师，但其终极目标是为了这些教师能更好地促进学生的身心健康发展。第二，对于教师教育课程标准的定位，要坚持"师范性"与"学术性"相结合的原则，根据基础教育体育课程改革的要求和体育教师专业发展的需要细化课程目标，提升目标的针对性。第三，对于课程结构，要力图改变目前体育教师教育课程设置中重视技能课程、轻视教育类课程的倾向，强化体育教育类的专业课程，体现课程的综合性，而不仅仅是体育类课程和教育类课程的简单糅合。第四，对于体育教师教育的课程内容，要考虑与基础教育体育课程改革相联系，体现课程内容的综合性、实用性、时代性、实践性、可操作性等特征。在设置体育教师教育课程标准的基础之上，要组织专业协会或者专家组定期对国内教师培养与培训院校进行监督与检查，并及时听取不同单位的反馈意见，指导不同单位在小范围内进行有针对性的调整。但需要指出的是，目前我们所提及的体育教师教育课程标准主要是针对教育类课程，以提高学习者的教育教学能力为主。

## 二、体育教师专业标准研究的迫切性

体育教师作为社会中的一种职业，其身份呈现多重性。在家庭中的身份为父母子女，在社会中的身份为公民，在学校教育场域中的身份为教师，在与体育相关的场景中的身份为体育教师，对于这些多重身份，从专业性的角度看，呈现出递进的特征。体育教师之所以能够被称为专业人员，从前面的分析来看，有其内在的专业特性。然而，如何让体育教师真正地体现这种专业人员的特性，如何长久地维持这种专业特性的权威性，则是我们最需要考虑的问题。

正如之前指出的那样，要实现体育教师的专业发展，促使体育教师成为专业人员，就正如我们要成为"社会的人"一样，必须建立在获得合法性身份的前提下，即要获得社会大众的认可与承认，获得如布迪厄所言的"门户"身份。但令人遗憾的是，在过去近百年的学校体育教学中，我国已退休或在职的体育教师数以万计，但他们是否真正符合一个专业人员的身份，没有一个标准可以去衡量。或者说即使有这样的标准，也是从运动训练的角度而言，即检查他们是否具备高深的运动技能、是否培养了运动员学生、是否给学校带来了荣誉等，而其作为一名教学工作者的专业素质似乎无人问津，这是一种"颠倒黑白"的现象，是一种不正常的现象。正是这种状况的存在，使得我国过去多年来的体育教学工作开展得不尽如人意，学生的体质健康状况每况愈下，体育与健康课程的推行，似乎也没有根本扭转这种现状。很显然，出现这种情况的原因与学校体育教学开展不好有着很紧密的关系，而体育教学的开展又与体育教师的专业发展状况密切相关。因此，通过构建合理的体育教师专业标准，提高体育教师的专业素质是可能的途径。

然而，关于体育教师专业标准的研究，我们不仅仅要提出其重要性，还需要迅速深入开展，这是因为体育教师专业标准是一个亟待研究的课题。首先，自1999年中共中央国务院印发的《关于深化教育改革全面推进素质教育的决定》中明确提出"要加快构建符合素质教育要求的基础教育课程体系"的任务，以及2001年教育部制定并颁布了《基础教育课程改革纲要（试行）》（以下简称《纲要》），进而颁布了《体育与健康课程标准》（以下简称《课程标准》）启动体育课程改革以来，随着新课程对教师的赋权，要求教师的角色进行转变，从以往的执行者转变成决策者，传授者转变成指导者，管理者转变成组织者，仲裁者转变成促进者，教书匠转变成研究者等。然而，现实中体育教师的角色未必像新课程要求的那样发生改变。但是，新课程的推动在很大程度上又取决于教师的质量，因此，为了进一步推动体育新课程实施的深入进行，亟须构建体育教师的专业标准，对体育教师提出明确的要求以真正实现角色转变。其次，从国家近几年有关教师的政策文件中可以看出，构建教师专业标准是一项非常重要的工作，而体育教师专业标准作为教师专业标准的整体组成部分，也亟须跟进。这不仅仅是响应国家政策号召的表现，也是为了中国整个教师队伍建设的需要。在这场基于标准化的教师变革进程中，体育教师绝对不能拖后腿。最后，从发达国家的历史经验来看，促进体育教师的专业发展，构建体育教师专业标准是必经之路。随着当前中国经济的飞速发展，文化、科技与政治的影响力越来越大，而一个国家教育的发展通常都与这些紧密相连且匹配在一起。因此，当国家在国际上已经具备相应政治、经济和文化地位的背景下，教育的发展必须齐头并进，体育教师教育也要做出应有的贡献。故而，促进体育教师专业标准的研究，促使体育教育的发展与国际接轨，也是应有之义。总之，体育教师专业标准的研究，应该成为我们当前的重点与热点。

## 三、体育教师专业标准的核心地位

体育教师专业标准占据核心地位，也发挥着核心作用。这种核心地位体现在两个方面：一是体育教师专业标准与其他三个标准的关系；二是美国、加拿大和爱尔兰等已经颁布体育教师教育标准的国家的实践经验，因为这些国家的体育教师教育标准几乎都以体育教师专业标准为主。正是因为这种核心地位的存在，使得当前推动体育教师专业标准的研究已经成为一个亟待解决的课题。

就普通教师层面的标准体系而言，虽然教育部最早颁布的是《教师教育课程标准（试行）》，之后才颁布《教师专业标准（试行）》。但是，在之后出版的《教师教育课程标准（试行）解读》一书中，明确指出教师专业标准具有无可争议的核心地位，之所以其颁布时间晚于教师教育课程标准，主要是因为不同标准研究团队的工作进展问题而导致的。具体到体育学科层面，与其他几个标准相比，体育教师专业标准的核心地位主要体现在以下方面。

（一）体育教师专业标准的直接服务对象是体育教师

从前面对标准组成部分的内涵分析可以看出，体育教师专业标准的直接服务对象是体育教师，体育教师教育课程标准的直接服务对象是课程，体育教师教育机构认证标准的直接服务对象是培养和培训体育教师的机构，体育教师教育质量评估标准的直接服务对象是整个体育教师教育。虽然四个标准的最终目的都是为了促进体育教师的专业发展，但如果从服务对象来看，直接面对体育教师的专业标准无疑是最重要的，因为体育教师专业标准是国家对合格体育教师专业素质的基本要求。也就是说，这是一个最低要求，无论是职前体育教师，新入职体育教师，有经验的体育教师，还是专家型体育教师，只要他们正在从事体育教师这项职业，都要符合专业标准提出的要求。同时，在他们开展体育教学的过程中，也要遵循专业标准提出的要求。但需要指出的是，无论要求的高低，专业标准提出的是体育教师作为一个专业人员的素质规定，这应该是最基本的。也就是说，我们只有明确了体育教师应该具备什么素质能力，才有可能对其展开下一步培养，否则任何的努力都是盲目的，也都会因此而浪费资源。与体育教师专业标准相比，其他标准则在服务于体育教师专业发展方面存在间接性，因为这些标准的提出都是建立在体育教师专业标准的基础之上的，相对而言处于整个体育教师教育标准的外围。

（二）体育教师专业标准是设置体育教师教育课程的基础

在体育教师教育标准中，体育教师教育课程标准体现的是国家对体育教师教育机构设置教师教育类课程的基本要求，是制订教师教育课程方案、开发教材与课程资源、开展教学与评价，以及认定教师资格的重要依据。总体而言，从体育教师教育课程标准的功能可以看出，如何设置合适的体育教师教育类课程是关键。近代以来，在教育学领域，课程设置的基本出发点都是"以学生发展为中心"，即课程的设置是为了发展学生，而不是为了让教师有事情可做。从这个角度而言，如果要设置体育教师教育类课程，我们首先需要知道什么样的体育教师才是符合专业身份的专业人员，而这个问题只有体育教师专业标准才能回答。因为我们只有了解了这个问题之后才知道通过什么样的课程学习有助于他们向着专业人员的方向发展。另外，还可以规避目前各个机构在课程方面的随意性。无论是职前体育教师教育的课程设置，还是职后体育教师培养的课程设置，都存在很大的盲目性与随意性，设置课程的依据主要是当前教师能够开设的课程，而不是体育教师需要的课程内容。实际上，这是因为他们不理解设置什么样的课程才能真正培养体育教师，也就是不理解什么样的体育教师才是真正的体育教师，没有体育教师专业标准对课程设置进行引导，使得这种现象更加严重，课程设置的随意也似乎变得"理所当然"。而体育教师专业标准的提出，使得课程设置的负责人进一步明确了合格体育教师的要求，他们就会尝试着从这个角度合理地进行体育课程设置。因此，体育教师专业标准是体育教师教育课程设置的基础。

### （三）体育教师专业标准是体育教师教育机构认证标准的出发点

体育教师教育机构主要分为职前培养和职后培训两大类，这两类机构本身的资质与质量决定着该机构所培养/培训的体育教师的质量。就职前培养机构而言，2000 年以前，中国体育教师的培养基本上以师范类大学的体育院系和专业体育类院校为主。然而，随着 21 世纪初国家开始探索开放的教师教育体系，越来越多的综合性大学加入了教师培养的队伍，设置了很多教师教育类专业。在体育领域，一个最明显的现象就是大量的体育教师教育专科专业升格为本科专业，大量的公共体育教学部也开始尝试开办体育教师教育专业。这种开放性的体制虽然有助于体育教师人才培养的多样化，但也导致很多根本不具备资质的大学机构开始培养体育教师，其培养的体育教师质量也值得怀疑。就职后培训机构而言，不仅仅存在自身质量比职前体育教师培养机构更低的"倒挂"现象，而且这些培训机构在大众眼中的"非正规性"，使得他们培训体育教师的质量饱受怀疑。很多职后体育教师培训机构基本上沦为体育教师们冠冕堂皇地"外出休闲娱乐放松"的理想之地。从这个角度而言，构建体育教师教育机构认证标准迫在眉睫。但在评估体育教师教育机构之前，我们同样需要了解什么样的体育教师才是真正的专业人员，即什么样的体育教师是合格和不合格的，而这个问题同样需要体育教师专业标准来回答。因为只有了解了体育教师作为专业人员的基本特征和要求，才能在此基础上构建体育教师教育机构认证标准，才知道该机构是否具备培养或培训合格体育教师的基本资质。

### （四）体育教师专业标准是确定体育教师教育质量评估标准的依据

体育教师教育质量评估标准是对整体体育教师教育效果好坏的价值判断，而教师教育效果的好坏主要以人才培养为中心。对于体育教师教育而言，职前体育教师教育培养的人才是职前体育教师，入职体育教师教育培养的是刚入职的新体育教师，而职后体育教师教育培养的是处于工作岗位的在职体育教师。无论是哪个阶段的体育教师，其培养质量的好坏都可以通过体育教师专业标准来衡量。当然，这里就提出了另外一个问题，即体育教师专业标准的阶段性，也就是说不同阶段的体育教师专业标准有所区别，侧重点不同，这是后面需要讨论的话题。在对体育教师教育质量进行评估之前，通过明确体育教师专业标准的内涵与要求，能够进一步完善培养目标与方案，改革培养方式，降低或消除体育教师培养的盲目性，提升体育教师的质量，促进体育教师教育职前培养与职后在职培训的一体化，保证体育教师专业发展的层次。总之，体育教师专业标准引导着体育教师教育质量的评估方向，是确定体育教师教育质量评估标准的依据。

# 第二节　体育教师专业发展的过程与阶段性

教师专业发展阶段论认为，教师作为一名教学专业人员，要经历一个由不成熟到相对成熟的发展历程。已经踏上教学工作岗位的教师，虽然经过了职前的教育训练，但并不意味着他就是一名成熟的教学专业人员。教师作为一名发展中的专业人员，要经历一系列不同专业发展阶段才能成熟起来，而且成熟只是相对的，发展是绝对的，教师的专业发展空间是无限的。

## 一、体育教师专业发展是一种规训过程

体育教师专业发展是一种规训的过程，即通过这个过程可以确定体育教师的行为"应该如何"。这一过程是主动与被动的统一，它一方面是体育教师主动构建自身行为"应该如何"的过程，另一方面也是体育教师行为规范的内化过程。

### （一）体育教师通过规训而构建自身行为的"应该如何"

教师专业发展的过程是教师主动构建自身行为"应该如何"的过程。教师主动构建自身行为"应该如何"的过程可以分为认知、情感和行为三个层面。体育教师专业发展的认知层面，则是指自我专业身份定位，也是体育教师对自己职业方面的现实与理想的再认识过程。例如，在这个层面上，体育教师要认识到自己的职业是一种专业，并不是像外界所言的那样人人都可以胜任。也就是说，虽然目前体育教师还未成为像医生和律师那种真正意义上的专业，但我们自己需要认同自己的专业身份。只有自己首先树立了一种理想发展

观，才能真正产生发展的过程。当然，也不能盲目乐观，体育教师还必须认识到理想与现实之间的差距，意识到体育教师成为一门真正专业的职业的现实距离，时刻保持清醒的头脑。情感层面则是指体育教师对自身职业的热情。例如，目前有很多体育教师并不喜欢自己的职业，认为在学校内部和社会外部总是遭到歧视，同工不同酬，并且还在自己内心过分夸大了这种负面影响，从而对自己的职业缺乏最起码的热情，这显然并不利于他们的专业发展。体育教师只有在实施体育教学时内心充满热情，才会产生一股巨大的动力去主动寻求专业发展的途径与方法，这样也才有可能实现自身的专业发展。行为层面则是指体育教师在认知和情感的基础上所产生的具体的专业发展行为。例如，某位体育教师意识到自己在教学中还存在很多问题，便开始拜优秀体育教师为师并学习，这就是一种行为层面发生的专业发展活动。只有通过这三个层面的不断深入，体育教师才能逐步构建起自己"应该如何"的专业发展行为。

### （二）体育教师通过规训将行为规范内化

体育教师通过认知、情感与行为三个层面的不断深入发展，逐渐建构了"应该如何"的专业行为，但关键还在于将这种专业行为内化为自己的实际行动。杨善华等研究指出，教师行为规范内化的关键是教师行为规范被接受的条件，而教师接受行为规范的基本条件就是教师行为规范的有效性，它包括外在的效力来源和内在的效力来源。外在的效力来源包括：教师行为规范的强制性，即它可以有效地惩罚违反教师行为规范的任何教师；教师行为规范的正当性，即教师行为规范由正当的程序制定且保证所有的教师都享受平等的教学权利。其实，对于体育教师的专业发展而言，其行为内化过程有效性的外力源和内力源都可以看作是外部的行为。因为无论是惩罚违反行为的体育教师，还是通过制定程序来规范体育教师，其行为的来源都是外部层面的，而不是体育教师内心自发而产生的。体育教师行为内化的关键点还在于促进其自身行为的主动意识，让他们自觉主动地认识到自己的行为规范内化具有重大意义，学生的健康发展还依赖于自己良好行为规范的内化等。当然，外部层面的惩罚或者程序制定也是必不可少的，因为这确实能够对小部分体育教师起到威慑作用，但这仅仅是暂时的手段罢了，而并不是最终目的。

### （三）体育教师的专业发展是一种权利过程

体育教师专业发展同样也可以看作是一个权利博弈的过程。一方面，体育教师通过各种方式争取进行专业发展的权利；另一方面，体育教师能且必须能行使专业发展的权利，并在争取权利与行使权利的过程中始终都处于张力状态。

**1. 体育教师通过追求发展权利的过程而获得专业发展**

任何一项事情的发展都具有权利和义务的维度，体育教师的专业发展也同样如此。然而，与其说体育教师的专业发展是体育教师的义务，本书更愿意说专业发展是广大体育教师的权利。这是因为体育教师专业发展的权利与义务相比，似乎前者在当前的社会背景下显得更加微弱。在应试教育的大背景下，目前绝大部分中小学都以提高本校的升学率为中心，而体育教学工作的开展更显得微不足道。试想，如果体育教师连基本的体育教学权利都不被尊重，还何谈他们的专业发展，这其实也就意味着他们的专业发展权利已被剥夺。改变这种现状的唯一方式就是通过体育教师自身去争取专业发展的权利，进而不断提升自身的素质。追求发展权利的方式大体可以分为两种：一是通过"口头呐喊"获得，二是通过"实际行动"获得。前一种方式主要是体育教师依据《中华人民共和国教师法》《中华人民共和国教育法》《中华人民共和国体育法》《学校体育工作条例》等相关行政法规文件理直气壮地向领导争取各种发展权利，而后一种方式则是体育教师通过做出一定的成绩而逐渐主动获得发展的机会与权利。当然，在当前的社会大环境下，我们更愿意提倡第二种方式，因为这更切合实际。例如，体育教师可以从自己平时的教学点滴出发，尝试着撰写科研论文并尽量在专业期刊上发表，或者将科研论文寄送各种学术会议上进行交流，通过这种方式渐渐做出一定的成绩，进而引起领导的关注，这样才有可能获得各种机会。其实从另外一个角度来讲，争取专业发展权利的过程不仅可以获得专业发展的机会，同样也能获得实质性的专业发展。

**2. 体育教师通过行使发展权利的过程而获得专业发展**

在获得专业发展权利的同时，体育教师还需要行使所获得的权利，从而真正发挥专业发展对自身素质提升与对学生体育学习效能促进的作用。陈博的研究指出，体育教师的基本权利包括教育教学权、科学研究权、学生品行和学业成绩评定权、获取工资报酬和享受福利权、民主管理权、进修或其他形式的培训权、平等不受歧视权、申诉和诉讼权八项。实际上，体育教师专业发展的权利也建立在这些权利的基础之上。霍尔与阿姆斯曾说："使我们获得自我认同的最好方法不是普遍的自然规律或逻辑范畴，我们的属性源于现实的社会与政治生活经验。"而体育教师行使专业发展权利的基本立足点就是要获得自我认同，这种认同的基本出发点则在于专业的体育教学活动的开展。在专业性的体育教学活动中，体育教师既然已经获得了专业发展的权利，就要尽可能地为学生提供专业的体育教学，只有让学生获得了满意的体育学习效果，体育教师的自我认同感才会高涨，也才能为更多专业发展权利的行使积淀足够的信心。当然，在体育教师行使专业发展权利的过程中，还必须注意对同伴的帮助与扶持。因为不同的体育教师行使专业发展权利的能力是不一样的，其获得的专业发展效益肯定也存在差异，而过于突出的个人在一定程度上会给自己带来一些"无形的阻碍"，如果不能处理好这些关系，将会对专业发展的效果产生一定的负面影响。因此，体育教师在行使专业发展权利的同时，要学会适当地与同伴"齐头并进"。

## 二、体育教师专业发展的阶段性

随着教育改革的深入、素质教育的全面推广，体育教师不应再仅仅被看成是"课程实施者"，而更应成为"体育课程开发的研究者和参与者"，这对体育教师的专业发展提出了更高的要求，体育教师的专业发展要由过去的"技术熟练者"范式向现代的"反思实践者"范式转变，也就是成长为专家型体育教师。体育教师由教学新手到最终走向成熟大致需经过职前角色奠基、职业角色适应、职业相对成熟、职业发展"高原"、职业成熟五个阶段。从现状来看，目前对体育教师的使用和培养上"自然成熟"的倾向比较严重，通过对体育教师专业发展阶段的认识，有助于加速体育教师的专业发展，并根据其发展的不同阶段提供适宜的帮助。

### （一）职前角色奠基阶段

这个阶段是个体为今后从事体育教学工作而做准备的，个体通常是指在师范院校读体育教育方向的学生，这个阶段是职前培养时期。受培养者仍然是学生，对体育教师角色仅处于想象和关注时期。他们对其他已经从事体育教学的工作人员抱着观察、评判的态度。在这个阶段，主要是完成由学生到教师的角色转换，如果把体育教师的成长比作一座大厦的话，那么这个阶段可以认为是教师专业发展的奠基工程。这个阶段主要是专业知识与技能的准备和学习阶段。通过2~4年的师范体育专业的学习，学生普遍能系统掌握体育教育的基本理论、基本知识、基本技能和一定的教育学、心理学知识。掌握学校体育与健康教育工作的规律，具有一定的体育实践能力并在全面发展的基础上有所专长，毕业后能够从事学校体育教学工作和学校业余运动队的训练工作。其中，教育实习是高校教育的重要教学环节，是培养合格中学体育教师，对未来的体育教师进行职业技能训练的一次重要实践，是学生理论与实践相结合的起点。对于初为人师的大学生来说，这一时期应加强体育教师的角色观念和角色意识培养，进行正确的角色转换，是今后顺利完成体育教育教学任务的前提条件。

## （二）职业角色适应阶段

这个阶段主要是完成由学生到教师的角色转换，这一阶段主要包括师范专业的实习生、新任体育教师。新任体育教师通常需要 3 年的时间，才会进展到下个阶段。这个阶段的体育教师通常具有以下几个特征。一是关注的是自己的生存问题。在完全没有教育经验的情况下，新来的教师所关心的是自己在陌生环境中能否生存下来，这种情形可能持续 1~2 年。在此时期，体育教师不仅关切自己的生存问题，而且还会发现他们所预想的成功与教学实际状况存在着差距。因此，会感觉自己不能很好地胜任，或者感到对体育教师这一角色尚未准备好。二是他们不知道如何成为一名合格的体育教师。对工作中的困难缺少应有的思想准备。因此，非常关注其他体育教师的组织、教学工作，想通过一定的模仿来驾驭好体育课堂教学。三是他们教学还主要局限于教材。由于害怕可能无法控制学生，他们主要开展军操式的体育教学组织形式。四是他们在寻求教学方法时，主要依靠讲授和示范，由于缺乏课堂教学的控制能力，因此，不愿意尝试多种新的教学方法。虽然他们知道并开始注意了解学生并与之相处，但他们普遍忽视了学生的个别需要。五是他们觉得急需把注意力放在"怎样做"上，很少关心"为什么做"。由于经验不足，没有很好的办法将大学所学的体育理论与技能传授给学生。当体育教师获得一定的教学经验后，他们关注的重点才会逐渐改变。

## （三）职业相对成熟阶段

这个阶段体育教师已经能够轻松圆满地完成自己所担任的教学任务，他们了解自己的行为对学生的影响，能够根据不同的教学对象采取多种形式，从而满足学生的不同需要。他们注重个人的教学特色，并在实践中不断矫正，已经能够较好地驾驭课堂。他们知道教什么，有熟练的教学技能，能够很好地组织教学，并能有效地进行教学评估和改进教学方法。这一时期的体育教师思路开阔，愿意接受新的方法和观点，渴望学习新的技能去满足学生的不同需要。在课堂教学中，他们知道很多教学方法，并且积累了大量的教学经验。由于专业知识的熟练和知识结构的逐步完善，这个阶段的体育教师能够自觉地参与一些科学研究活动，探究和解决一些体育教学上的难题，有了一定的学术水平。其特点表现为：一是有了一定的体育教学经验与能力。二是开始关注个别学生的问题及思考如何来帮助学生。体育教师有精力开始了解学生对体育活动的兴趣所在，会寻求相应的教学技巧，以迎合学生各种不同的需求。三是开始注意对教学实践的理论总结。四是在教学实践中，越来越体会到简单的模仿已经在一定程度上束缚了自我的发展，并逐步形成了自己的教学风格。

### （四）职业发展"高原"阶段

在这一时期，突出表现为体育教师的教学业务水平徘徊不前。一方面，体育教师在教学能力达到一定的高度后，往往会感到教学水平的继续提高及教学创新已日趋困难，对于教学工作日感倦怠。同时由于有了较强的教学能力，这个阶段的体育教师已经非常熟悉体育教学的程序及模式，有相当一部分体育教师满足于自我的教学能力，不太关注体育教学领域的新理念、新思想，容易沉溺于原有教学的成功经验中，在专业发展上有了一定的惰性，缺乏进取心，安于现状。另一方面，有些体育教师因为社会变迁及教学内容的改变，很多新知识、新能力不是自己所掌握的。例如，信息技术就对传统的体育教学提出了挑战，这部分教师感到自己的教学能力与实际教学要求之间已逐步有了差距，但苦于寻找不到改变现状的出路，这时会对体育教学改革产生抵触情绪，最后只能安于现状，满足于自己现有的教学水平了。

### （五）职业成熟阶段

这一阶段往往只有少部分能与时俱进、终身学习并在教学中不断进行自我反思的体育教师才能达到。进入这一阶段的体育教师通常称为"专家型体育教师"，他们已能熟练驾驭课堂，但又不安于现状，有意通过改革和实验来提高自己的教育教学能力。他们具有与时代相通的教育理念、良好的教学效能感、多变的教学策略及极好的教学监控力。这个阶段的体育教师成熟度和社会化程度较高，他们把体育教育看成自己的事业，是积极的"行动者"和成功的"佼佼者"。他们认为自己是体育教学领域的权威，能控制任何教学情境，有较强的自信，能感受到社会的认同与需要，体育教学科研得心应手，成果较多。他们不依赖自我的智慧去开展教学工作，而是接触外界社会，了解最新信息。他们和其他学校、其他地区的教师开展合作与交流，积极地提倡学校体育的改革，能够与其他教师分享自己的专业特长，帮助他们成长。要实现职业发展高原期到成熟期的这一飞跃，体育教师一般要具备以下三个条件：第一，对事业、对学生的挚爱，这是体育教师走向成功的动力；第二，对体育教育发展的前瞻性和预见性，这直接关系到一名体育教师的发展方向；第三，具有较强的科研力，这标志着一名体育教师"与时俱进"的品质。

综上所述，体育教师从步入"杏坛"到成长为一名成熟的体育教师，乃至体育教育教学的专家，需要有一个逐步发展的过程，要经历一系列不同的专业发展阶段，是一个螺旋式上升的持续不断的过程。当然这里描述的是体育教师专业发展阶段性的一般规律，具体每个时间段需经历的长短是因人而异的，有的甚至会出现对某个阶段的跳跃式发展，通过自身的学习和有针对性的培训能够加速新手型体育教师成长的步伐。体育教师素质的提高需要根据其发展的不同阶段所面临的问题和需要来进行，希望一蹴而就的教师专业发展是不切实际的。这就要求现代的体育教师教育及培训机构必须适应现代社会的需求，根据体育教师教育的不同起点和需求，确定不同的培训内容和形式，由当前只重视职前培养，转向强调教师教育一体化的培养模式，促进体育师范生的专业发展及在职体育教师的专业发展，使体育教师专业不断趋向于成熟。

## 三、我国体育教师培训立法发展历程和政策法规的分析

加强体育教师队伍建设是学校体育重点工作之一。我国体育教师培训在法制化进程的努力已经 20 多年，本专题通过梳理相关政策法规和总结出我国学校体育实践当中体育教师培训立法发展脉络，以期揭示相关政策法规发展特征和存在的问题，为进一步推进我国学校体育法制化进程提供参考。

### （一）有关体育教师培训立法的发展历程

我国制定的《教师法》《教育法》《体育法》《义务教育法》《国家中长期教育改革和发展规划纲要（2010—2020 年）》等均设有关于教师的专门条款，核心都是加强教师队伍建设。自 20 世纪 90 年代以来，我国政府已制定了若干相应的政策和法规以加强体育教师队伍建设，其内容在多角度上进行，其中关于体育教师培训的相关政策法规文件比较丰富，反映了我国体育教师培训立法的发展之路。本专题通过对相关政策法规的梳理将其总结为体育教师培训法制化的六个发展时期：体育教师培训制度化的初始时期，体育教师培训模式的探索时期，体育教师培训实践的深化时期，体育教师培训制度的稳定发展时期，体育教师培训制度的完善时期，体育教师培训政策的导向作用发挥时期。

1. 体育教师培训制度化的初始时期

1990 年 3 月 12 日，中华人民共和国国家教育委员会令第 8 号《学校体育工作条例》第十九条规定："各级教育行政部门和学校应当有计划地安排体育教师进修培训。"此项条例标志着体育教师培训制度化的开始，以立法的形式为体育教师的在职提高进修提供法律保障。1999 年 12 月，教育部办公厅关于印发《全国学校体育卫生工作经验交流会会议纪要》的通知（教体艺厅〔1999〕10 号文件）要求："根据目前师资队伍的现状，工作的重点要放在提高教师的师德修养和业务素质上。各地都要认真按照"园丁工程"的总体规划，研究制定中小学体育教师、教研员、卫生保健人员的分级培训计划。"从文件中可以看出，我国已认识到教师培训的重要性，并开始进入体育教师培训的计划实施阶段，初步

制定了培训的目标、对象和方式。

2. 体育教师培训模式的探索时期

2002 年 6 月，《教育部关于加强农村学校体育卫生工作的几点意见》第二条规定："采取有效措施，加强师资队伍建设。规模较小的农村小学，可采取中心校体育教师巡回教学和兼职教师经过培训上岗的方式解决师资问题。要有针对性地加大对农村学校体育教师的培训力度。在'园丁工程'的实施中，各地应根据本地实际情况，制订切实可行的培训计划，力争在 2005 年前，使农村中小学体育教师普遍接受一次专业培训。"2003 年 3 月，《教育部办公厅关于做好学校体育卫生与艺术教育自查工作的通知》指出："乡（镇）中心校以上的中小学是否按要求配备专职体育教师，是否有相关措施开展教师培训，每个体育教师每年能否接受一定学时的脱产或半脱产业务培训。"通知规定了体育教师培训的形式和范围，注重农村地区的体育教师培训工作。

2004 年 11 月，《教育部关于保证中小学体育课课时的通知》（教体艺〔2004〕10 号）第二条规定："要建立健全贯彻《课程标准》的教师培养、培训机制，通过职前培养、岗前培训，提高体育教师队伍的质量；要完善以校为本的教研制度，立足学校开展经常性培训和研究；要充分调动中小学校长、体育教研员、体育教师参与课程改革的积极性，激励广大体育工作者投身到体育课程改革中去，认真学习《课程标准》，切实领会新课程标准的精神实质和基本要求。"此通知的下发，标志着我国体育教师教育一体化模式的开始，即对体育教师职前、入职和在职的培养、培训统一规划，协调发展，互相贯通，根据体育教育改革的任务，开展形式多样的体育教师培训工作，使体育教师培训体制进一步制度化和法制化。

3. 体育教师培训实践的深化时期

2005 年 4 月，《教育部关于进一步加强高等学校体育工作的意见》（教体艺〔2005〕4 号）第七条要求："各地教育行政部门和高等学校要采取有效措施，提高体育教师的学历层次和专业素质，加强对体育教师敬业精神的培养。"2006 年 12 月，《教育部国家体育总局关于进一步加强学校体育工作切实提高学生健康素质的意见》（教体艺〔2006〕5 号）要求："要把加强体育教师队伍建设作为当前教师队伍建设的重点。各地要通过三年的时间，对现有体育教师进行一次轮训，并纳入教师培训工作规划。对中小学兼职体育教师，实行岗前培训、持证上岗制度。"此阶段处于我国普遍进行教育时期，促使教师教育的发展进入一个新的阶段，将"终身教育"的理论运用到了实践层面，规模化和制度化进一步成熟。

4. 体育教师培训制度的稳定发展时期

2008 年 4 月，教育部办公厅关于印发《2008 年中小学教师国家级培训计划》的通知要求："为帮助西部地区中小学体育教师掌握主要体育项目基础专业技能及教学技能，提高教育教学能力，2008 年将委托有条件的高等学校，采取'送培下省'集中培训方式，组织实施西部地区中小学专职体育教师和中小学传统项目学校体育教师培训。"2008 年 6 月，《教育部办公厅关于组织实施西部初中骨干体育教师国家级培训的通知》要求：为提高西部体育教师队伍素质，决定组织实施"西部初中骨干体育教师国家级培训项目"。教育部 2008 年中小学教师国家级培训计划启动实施，重点解决西部中学体育教师的教学基本功、教学技能与课堂教学设计等方面的问题，全面提高西部中学体育教师的专业素养与教学综合能力。该通知进一步规定了教师培训的形式和范围，注重了我国西部地区体育教师培训工作。

5. 体育教师培训制度的完善时期

2009 年 6 月，《教育部办公厅关于组织实施 2009 年普通高中课改实验省教师远程培训项目的通知》（教师厅函〔2009〕3 号）要求："培训阶段：7 月 21 日—30 日，组织思想政治、语文、数学、英语、物理、化学、生物、历史、地理、音乐、美术、体育与健康等 12 个学科教师学习。每天 5 学时，共计 50 学时。其中，学习视频课程 2 小时，在线学习、交流和研讨时间 3 小时。2009 年 7 月，《教育部办公厅关于印发〈2009 年中小学教师国家级培训计划〉的通知》第七条要求："中小学体育和艺术教师培训项目，为提高中西部地区中小学体育和艺术教师教育教学能力，遴选有关高等学校，组织实施对中西部地区 1200 名中小学专职体育和艺术骨干教师进行 50 学时的专项培训。"2009 年 7 月，《教育部办公厅关于组织实施中西部中小学体育、艺术骨干教师国家级培训的通知》要求："通过培训，帮助西部地区小学专职体育骨干教师学习和掌握体育项目基础专业技能与教学技能，探索开发适合西部小学体育教师培训的课程体系和培训模式。"在推进基础教育改革的过程中，不断完善的体育教师培训机制，在培训项目目标、形式、过程、课程体系和教学内容上，注重培训的系统性、层次性和连续性，建立了适应 21 世纪的体育基础教育需求的体育教师培训体系。

2010 年 6 月，《教育部办公厅关于组织实施"国培计划——2010 年普通高中课改实验省教师远程培训项目"的通知》要求："组织思想政治、语文、数学、英语、物理、化学、生物、历史、地理、音乐、美术、体育与健康、信息技术等 13 个学科教师学习。"2010 年 6 月，教育部关于印发《2010 年中小学教师国家级培训计划——示范性项目实施方案》的通知（教师〔2010〕1 号）要求："农村中小学体育艺术骨干教师培训，组织对全国 1400 名农村中小学体育、艺术骨干教师进行为期 15 天的专项集中培训，提高教师的专业水平和教学能力，改善紧缺学科师资力量薄弱状况。""中小学教师远程培训项目培训学科主要为小学品德与生活（品德与社会）、语文、数学、英语、科学、美术、音乐、体育等8个学科。"2010年7月，《教育部办公厅关于组织实施"国培计划——2010年中小学体育艺术骨干教师培训项目"的通知》指出：中学体育骨干教师培训"主要围绕体育教师专业成长、体育教师教学技能提高、体育教学研究实践运用三个模块进行深入学习、交流和研讨。2010年7月国家颁布了《国家中长期教育改革和发展规划纲要（2010—2020年）》，规划纲要中指出了当时基础教育存在的诸多问题，其中提出要加强教师队伍建设。"国培计划"就是针对规划纲要中提出的要加强中小学教师队伍建设这一任务而出台的具体政策。

2011年1月，《教育部关于大力加强中小学教师培训工作的意见》要求："要加强农村音乐、体育、美术、英语、信息技术、科学课程等紧缺学科教师培训。"2012年5月，《教育部办公厅财政部办公厅关于做好2012年"国培计划"实施工作的通知》要求："对全国4000名中小学体育、音乐、美术等紧缺薄弱学科骨干教师进行为期10天的集中培训，提高教师的教育教学能力，促进专业发展。"文件根据社会和科技的发展对体育教师知识更新的要求，强调了体育学科在教育中的地位，布置了教育培训的重点，建立了符合体育教师特点的培训模式，这是提高体育教师职后培训质量的关键。

6. 体育教师培训政策的导向作用发挥时期

2012年10月，《国务院办公厅转发教育部等部门关于进一步加强学校体育工作若干意见的通知》（国办发〔2012〕53号）规定：第三方面，落实加强学校体育的重点任务的第6条规定："建立健全体育教师培养体系，办好高等学校体育教育专业，逐步扩大免费师范生和贫困地区定向招生专项计划中体育教育专业招生规模，完善农村学校教师特岗计划补充体育教师的机制。鼓励退役优秀运动员按照有关规定从事学校体育工作。加大国培计划培训体育教师的力度，拓宽体育教师培训渠道，到2015年各地要对中小学和职业学校体育教师进行一轮培训。"目前，体育教师数量不足是制约我国学校体育目标实现的重要问题之一，可以预见，此项法规政策的制定将对化解目前这一矛盾与问题发挥重要的政策导向作用，为各级地方政府提高政策的预判力和执行力指出努力的方向。

（二）对我国关于体育教师培训的政策法规的分析

1. 体育教师培训的政策法规逐渐完善

从以上体育教师培训的政策法规可以看出，关于体育教师培训的内容是我国关于体育教师法律、政策法规中数量最多的，呈现职后培训制度化、职前培养和职后培训一体化初步形成、职后培训扩大化的特征。为了加强教师队伍建设，使体育教师不断适应社会需求和教育改革的需要，到目前为止，国家对体育师资培养高度重视，制定了相应的政策法规，以此逐步提高了体育教师的专业化水平。体育教师的培训首先是从制度、政策法规上进行了完善，逐步明确了体育教师培养的目标和发展模式。

2. 体育教师培训政策法规具有操作性

随着学校体育的发展，出现的主要矛盾和问题随着时代的变化有所不同，政策发展可变性的特征也凸显出来。当政策法规与现存的社会问题不相符合时，细化和可操作性是体育教师培训政策法规变化的主要原则。一般来说，操作性强的政策内容将有力地促使相关政策有效实施，有利于政策任务的顺利完成和目标的实现。目前我国相关政策法规在体育教师培训目标、培训方式和内容上都提出了具体的规定和要求。我国体育教师培养的政策法规目标在不断明确、清晰和具体。

3. 体育教师培训政策法规促进了培训制度化

纵观我国体育教师培训发展的历程，可以看出在逐步形成完整的体系，并且建立健全了制度，随着体育教师培训进修规模的发展和扩大，从我国学校体育实际出发，进行了多种目的、内容、形式的体育教师培训，并以立法的形式为体育教师培训提供政策和法律保障，建立了制度并不断完善。随着教育改革的深入，体育教师职前培养和职后培训一体化模式基本形成了促进体育教师专业发展的培养机制，培养力度也得以体现。

4. 体育教师培训政策法规促进了培训扩大化、规模化

随着体育教师培训政策法规的完善，培训目标不断明确，培训内容和课程体系不断发展完善，要求参加培训体育教师的范围逐步扩大到农村和边远地区。从培训体育教师数量不断增加到全员培训，体育教师进修培训学历在不断提高，培训内容在不断与社会发展紧密结合，反映了体育学科发展趋势对体育教师的职业要求，培训形式多样、灵活，培训途径不断拓宽。

综上所述，我国相关体育教师培训政策法规在法制化进程的努力已经 20 多年，能够总结出我国学校体育实践当中体育教师培训政策法规的发展脉络。国家立法呈现出体育教师培训政策法规的逐渐完善，具有操作性，促进了培训制度化、扩大化和规模化的特征。但是，多数条款是法规文件，层次不高，尚未构成一个稳定、完整、独立的专适性法律体系。目前的相应政策法规还不能反映出体育教师培训机构的建立和要求、培训的鼓励机制以及培训质量的评估。另一方面，还存在专业权威的执法机构未建立起来等问题，今后一段时间还需要结合世界教师教育一体化模式的发展趋势，进一步推进我国体育教师培训的法制化进程。

# 思考与练习

1. 简述体育教师专业标准的内涵。

2. 体育教师专业标准具有什么样的地位？

3. 简述体育教师专业发展的阶段性。

# 第四章 体育教师专业发展的内容

## 第一节 体育教师角色

对于体育教师角色的认识要根据时代和社会的发展变化，现代教育的发展趋势以及学校体育研究的成果等来综合考虑。在全面审视教育的同时，我们也要审视在新的教育教学情境下的教师和学生角色的转变，以使教师和学生都能准确把握，顺利适应各自新的角色，建立起崭新的师生关系。

### 一、运动技能的传授者

当我们反思过去的学校体育课程与教学存在的问题时，有人武断地认为我国体育课程与教学弊端的根源在于"技术技能授受"模式，并相应地提出了"淡化运动技术"的观点，进而提出改变过去体育教师的"运动技术技能传授者"角色的主张。这不是一种矫枉过正，而是一种纯粹不切实际的错误观点。体育课程是一门以身体练习为主要手段，以增进中小学生健康为主要目的的必修课程。体育教学与一般教学的区别概括起来主要有四点：内容形式上的技艺性、方法手段上的直观性、负荷表现上的生物性以及教学场景的开放性，其中居于核心地位的就是体育课程的技艺性。体育教学这种"操作性知识传习活动"要求体育教师亲自示范以施教，不是说说听听看看想想即可奏效，而是要求学生务必亲自操练以领悟，不是听听看看想想写写即止。脱离和抛弃运动技术技能传授的体育教学将成为无源之水、无本之木。不过，体育教师必须从过去仅作为"运动技能传授者"这一核心角色中解放出来，转变为以运动技能为手段的"体育文化的传承者"。当体育教师仅充当"运动技能传授者"的时候，体育教师的职业是可以被其他人所代替的，而当体育教师出任"体育文化的传承者"的时候，体育教师的职业才具有不可替代性。道理很简单，单就运动技能的传授而言，体育教师肯定不如一个专业的教练员，甚至任何一个稍有体育特长的普通人都可能替代体育教师的工作。但是，如果谈到通过体育活动对学生进行全面的教育和培养，全面促进学生的发展，那就只有合格的体育教师才能胜任了。也只有到这个时候，体育课和体育教师的独特作用才能充分体现出来，体育教师的职业也才真正具有不可替代性。如果体育教师仅停留在技能传授者的角色层面，那么体育课程的"身体练习"将蜕变为健身活动，丧失其根本的教学内涵。

## 二、自强不息的学习者

信息时代的到来孕育着学习型社会，知识随时间呈几何级增长的现象，已经使得百科全书式的教师成为历史，"教师是知识的垄断者"的权威逐渐被打破。教师这种职业得以维持的基础，已从"运用内储知识经验"转向"不断获得外储知识"。学会学习不仅仅是教师对学生的一种教育定向，也是对自身发展的一种要求，"活到老、学到老"从一种道德箴言变成了现代社会的一项基本要求。体育教师素质高低不是决定于过去运动技能技术水平的高低，而是决定于自我发展和不断学习的意识与能力。就体育课程而言，各种新的竞技项目和休闲体育项目层出不穷，体育教师职前教育不可能兼顾所有内容，在很大程度上必须依赖于教师在职后根据教学的实际需要进行"充电"。信息社会中电视、电脑、网络、报刊等各种媒体的广泛应用，使得学生也不像过去的学生那样对体育感到神秘和陌生，学生的体育爱好多元而广泛，体育教师如果停留在过去的传统项目上，难免在教学实践上捉襟见肘。因此，在新的社会历史条件下，体育教师不仅是一个教育者，而且自身也是一个学习者。体育教师应该学会学习，进而实现继续学习，以满足社会对体育教师的基本要求，并内化为自身的一种生活化的行为方式。

## 三、课余体育的引导者

课余体育是学校体育的一个重要领域，也是学校教育的组成部分，还是校园文化建设的重要内容。课余体育与体育课相互配合共同完成学校体育的目标任务，它是实现学校体育目标任务的基本途径之一。以终身体育教育为前提的学校体育应将体育教学、运动竞赛、课外活动等协调地统一起来，从而使体育教师在完成教学、实施单纯的教学职能外，还将指导校外活动与竞赛，使学生广泛接触社会，促使学生建立终身体育锻炼的意识，使学校体育与社会体育之间形成最佳衔接，这样，体育教师应成为学校课余体育的引导者。课余体育内容庞杂，主要包括早操、课间操、班级体育活动、课余训练、课余竞赛以及校外体育、家庭体育等多种组织形式和内容。尽管从专业结构来讲课余体育并不是体育教师的核心工作，但从教育人以及完成学校体育的目标达成来说，课余体育显然应该纳入体育教师的工作范畴。体育教师除继续重视"两操"、课余训练以及竞赛等工作外，还应关注并加强面向大多数学生的课外体育活动、学生体育团体等的相应指导。课余体育具有开放性和灵活性的特点，从实施效果的角度看"自控贵于他控"，但这并不等同于放之任之，体育教师对课余体育的宏观规划、相关的环境设计以及必要的现身指导，对于学生课余体育活动的开展具有积极的作用。

## 四、体育课程的研制者

教师是课程改革与发展的重要制约因素和环节。我国多年来实行的课程行政体制可以归纳为"政府定课程，学校管教学，教师用教材"。这种格局行之既久就习以为常了，不如此反而不可思议，体育教师在很大程度上是按照部颁指令性的体育教学大纲来开展工作的，体育教师只管"照本宣科"，而不用管为什么教、教什么以及怎么评价。体育教学质量的水平高低直接取决于教师对大纲的执行情况，这包括确定教学目标、选择教学内容、实施教学评价等一系列教学环节。这种状况将体育教师的教学智慧规约在一个非常狭窄的工作空间和非常微观的工作层面，甚至将体育教师局限到只与技术细节和秒表、皮尺打交道。教师的专业判断与决策能力用进废退，体育教师丧失了工作的专业性与创造性，绝大部分教师的教学如出一辙。而现在，传统的竞技运动课程内容的体系必将被打破，取而代之的是一切有利于学生身心健康的身体活动。新的体育（与健康）课程标准提供的只是相对抽象的体育课程理念和一个包括课程目标—领域目标—水平目标三个层次的完整的课程目标体系，但它只是从宏观上规范全国各地、各校的体育教学，对具体教学内容、时数比例、具体的评价内容和方法则不作限制，并没有规定具体的内容体系，如何根据不同学段、不同性别的学生特点，根据课程学习目标和内容框架以及学校和学生的实际情况确定每节体育课的教学目标，设计体育课程形式，选择何种体育教学内容、教学方法、考核标准和评价方法以达成该目标便成为体育教师的重要任务，其中包括课程目标的整合、对竞技运动素材的选择和加工、教材单元的设计与构建等环节。它不像传统体育课程那样，是体育教学内容的主要或唯一资源，新体育课程内容资源更多地需要学校和体育教师进行自主开发，如改造传统运动项目、挖掘民族民间传统体育、引入新兴运动项目、充分利用自然资源来扩充体育课程内容资源等。体育课程将从竞技运动课程内容体系走向有利于学生身心健康的身体活动内容体系，从课内、校内走向社会、自然，从而弥补体育教学条件之不足，吸引学生积极参与体育活动，促进学生获得更多的体育与健康知识。

## 五、体育教学的组织者

新一轮基础教育体育课程改革更加重视体育教学中新的师生关系的确立，突出体育教师在体育学习活动中的设计者、组织者的角色特征。传统的学校体育教学是以教学内容的稳定性和单一性为出发点的，它强调的是教师对既定教学目标的落实，形成了学生以模仿、操练为主要特征的课堂参与模式，在这样的教学过程中，教师只需对教学目标负责，对学生自学能力、创新能力以及综合能力的培养没有足够的重视。随着体育课程改革的深入，体育教师以传授运动技术为主的传统作用必将得到扩展，由过去的侧重传授运动技术转变为加强现代化体育科学理论与方法的传授，由技术型向智能型转变，由传习运动技艺向终身受益的体育教学转变。体育教师成为学生进行体育实践的组织者，学生科学锻炼的咨询者。现代教育理论表明，知识并不是对现实世界的绝对正确的表征，不是放之各种情境而皆准的教条，它们处于不断发展之中，而且在不同情境中需要被重新建构；学生也不是可随意涂抹的"白板"，他们都有在生活、学习和交往中形成的个性化经验。知识的掌握不是简单的复制，而是在接受—反思的过程中逐步生成并内化超越原有知识的思想和观点。新角色要求体育教师建构学习经验的概念和从内容到经验的转化的课程与教学组织观念，并进而成为一个体育学习方法方面的专家以及体育学习活动的组织者和协调者。在体育教学过程中，体育教师还要善于应用多样化教学手段，发挥学校体育的多种功能，要因材施教，使学生身体得到全面的发展。体育教师将不再只是为了满足少数学生的需要而单纯地传授运动技术，而是通过媒体设计、环境设计和教学活动设计来组织实施教学活动，从而使得课程内容顺利地转化为学生的学习经验，使学生在新经验与原有体育经验的相互作用中不断提高自身的运动与锻炼能力。体育教师要帮助每一个学生分析并确定自己的体育需要，帮助学生选择合适的体育锻炼项目和方法，让他们理解那些有利于健康的科学锻炼的方法，从而使他们走向社会后能自主地进行科学的锻炼。

## 六、体育教育的研究者

长期以来，中小学体育教师大多忙于教学，少于读书，重经验、轻理论，造成了思想的封闭、僵化、服从，使得我国体育教师的科研能力远不能适应学校体育改革与发展的需要[①]。一方面，教育研究是新时期体育教师适应和实施新课程的必然要求。体育教师成为研究者是沟通体育理论研究与学校体育实践的桥梁，新课改要求体育教师不能仅限于熟悉

---

① 曲宗湖. 建设一支"科研型"体育教师队伍的遐想[J].体育教学，2001（6）：1.

体育教育理论的语境或话语方式，达到能够理解当前的体育教育科研成果和课程文件，而且要求体育教师能够直接参与体育教育研究以及教改实验，实现理论向操作层面的转移，进而实现对原有体育教学模式的超越。新体育课程以目标统领内容，无具体教学内容的规定，这预示着体育教师不能照抄教学大纲规定的教学内容对体育知识、技能进行传授，需要自行开发、选择体育教学内容。体育教学将没有固定的模式可以仿照，体育教学环境将更加千变万化，体育课堂将百花齐放，体育教师如果仅是经验和技术型的专家，将难以适应新体育课程改革的需要。这就要求体育教师是体育教育的研究者，研究如何才能使学生主动建构体育与健康知识、技能，获得终身体育锻炼的意识，使体育课程更好地为学生的整体健康服务[①]。另一方面，教师成为研究者是提高教师自身综合素质和教学能力的最有效途径，教学科研互促互长是教师专业发展的必由之路。教师所进行的研究是一种特定的教学研究，是对教师自己的教学进行思考和探究，这种研究的目的不是为教学增加另外的负担，而是力图使教学以更有效的方式展开。体育教师在实际工作中会遇到很多解决不了的问题，而教育科研在很大程度上是反思、质疑、批判、创新的过程，表现为对自己的教育实践和周围发生的教育现象的反思能力，善于发现问题，对日常工作保持一份敏感和探索的习惯，不断地改进工作并形成理性的认识。教育科研是灵活地解决教学中的各种实际问题的必由之路，使体育教师在有限的时间内引导学生获得更好的发展。研究能力的进一步发展是对新的教育问题、思想、方法等多方面的探索和创造能力，运用多方面的知识经验综合形成解决新问题的能力。这使教师的工作更富有创造性，进而达到科学性与艺术性融为一体的境界，形成独具特色的教育智慧和教学风格。

## 七、体育文化的创造者

教育文化学揭示：教育是文化变迁的动因之一，亦即教育过程也是一个文化创造的过程。体育教师在体育文化的传承与创造中具有重要地位。一方面，体育教师是体育文化的传承者。"体育教育是体育文化得以传递的主要方式。"[②] 体育教师以独特的方式承担着文化传承和传播的任务。文化具有不同类型和形态，每一种文化的传承都有自己的方式，上高等数学课学生必须做大量的微积分题，不是光会背公式就行；上语文课学生必须背诵唐诗宋词，而不是知道李白、苏轼写过什么就可以。体育运动本身也属于一种社会文化，而

---

① 陈作松，季浏. 新体育课程的实施对体育教师提出的新要求[J].北京体育大学学报，2004，27（3）：370-371.

② 卢元镇. 体育社会学[M].北京：高等教育出版社，2001：132.

且体育文化的传承具有自身的独特性，体育文化的知识对运动技术的依赖性很强，学生自我演练的必要性很大。体育教师将人类丰富的体育文化在体育教学中以身体练习的形式进行传递。体育文化在传播过程中还会不断地增值，两种或几种文化交流后，可能会产生新的文化形式。另一方面，体育教师还扮演着体育文化创造者的角色。在教育的文化创新中，教师是主体。尽管教师不能随心所欲地按自己的意愿去教学，他们有自己的固定的操作程序、职业技术以及职业道德，只能在特定的教育、教学理论所提供的各种形式化的教学技术中加以选择，但以具有主观能动性的"人"作为特定对象的教育工作决定教师专业的角色本质是"革新者"。教师作为文化创造者主要表现为培养学生的创造性，使他们具有生命及其优化活动的自我意识，能够挖掘、建构和享用生命的意义和价值，从而幸福地生活。体育教师要清醒地对待体育文化，深刻洞察运动技术所承载的价值观和心理结构，不能轻易地降低体育教学中文化创新的含量，更不能将体育肤浅化或庸俗化为没有灵魂的身体动作的堆积。

## 八、健康教育的兼职者

新一轮的基础教育课程改革，确立了"健康第一"的指导思想，体育课程在落实过程中把"坚持'健康第一'的指导思想，促进学生健康成长"作为其基本理念之一。在我国新颁布的课程标准中，义务教育初中阶段和普通高中阶段从课程名称上看均为体育与健康，但初中阶段体育与健康课程的实质是以"健康第一"的指导思想来指导体育课，涉及的健康教育内容仅仅是和体育相关的部分内容，在学科性质方面没有发生根本性的变化。普通高中阶段的体育与健康课程则属于综合课程，包括10学分的体育和1学分的健康教育。在体育领域中包含了体育和与体育相关的健康教育，在健康领域中另有一部分和体育无直接相关的内容，实际上高中阶段的体育与健康课程是将一门课分为体育和健康两大部分，前者为3年10学分（每周1课时，一学期为1学分），后者为3年1学分。虽然体育与健康课程中的健康教学由体育教师还是其他教师来教授尚不明确，但这无疑为我国体育教师教育的专业拓展提供了一次机遇。中国健康教育师资主要由体育保健康复专业、体育卫生教育专业培养，但起步很晚，全国仅几所高等院校开办了这些专业，且主要面向运动训练的保健事业和社区会员的康复保健事业，缺少为学校培养专门健康教育人才的专业，远不能满足体育与健康教育结合的需要。在实际工作中，健康教育师资严重不足，目前，主要由校医、保健教师、班主任、大队辅导员、培训后的体育教师、体育卫生专业毕业生担任。中国的校医一般毕业于护士学校或护理学校，即使医生也没有受过健康教育的专门训练，中国的中等学校有医务室，但无主管全校健康事业的专职人员。日本体育教师兼任健康（养护）教师并获得较好的效果，这为我们树立了良好的榜样。由此可见，体育教师进一步拓展专业适应面将成为大势所趋，体育教师兼职健康教育具有积极的现实意义。

综上所述，新时期的体育教师是一个集运动技能的传授者、自强不息的学习者、课余体育的引导者、体育课程的研制者、体育教学的组织者、体育教育的研究者、体育文化的创造者以及健康教育的兼职者等多种特征为一体的教育者。不可否认，理论上的归纳与社会要求的总结必将使体育教师角色以一种"超人"的形象出现，但这种应然的角色形象正是我们进行理论反思的参照，也是体育教师实现专业自觉的思想源。

# 第二节　体育教师的专业性

随着社会的进步以及体育科学和教育科学的飞速发展，体育教育的内涵与外延都发生了深刻的变化，运动技能取向的体育教师教育已经不能够满足由传统经验的体育教育演进为科学的体育教育的特殊要求。很显然，"学科专业的智慧不同于以学科专业为职业的人的智慧，具体说就是数学教师的数学智慧不同于陈景润的数学智慧，李吉林的语文智慧不同于文学家的语文智慧，米卢的足球运动智慧不必相同于场上球员踢球的智慧"[1]。运动技术技能是从基础教育阶段到高等教育阶段体育教师所授的学科专业知识，是每个受过教育的人都基本掌握的知识，如果说有差异的话，也只是存在程度和水平高低的差异，并不存在像医生和律师的专业那样不从事这项专业的人就对其专业知识一无所知的现象，将"运动技术技能"作为体育教师职业发展的基点，就使体育教师专业被替代现象的产生有了可能性和现实性。

毋庸置疑，体育教师必须具备一定的运动技能水平，这是体育教师开展体育教学工作的前提条件，但是，我们必须同时明确两点认识。第一，就体育教师职业而言，运动技能技术是其开展教学工作的工具和手段。早在1991年国家教委颁布的《普通高等学校本科体育教育专业教学计划》中就将原"术科"定性为"体育手段与方法"。第二，体育教师的运动技能与运动员的运动技能是两个完全不同的结构形态。从范围上看，体育教师的运动技能要求全面，即所谓的"多能一专"或"一专多能"，而运动员的运动技能则往往是局限于某单一运动项目；从技能水平上看，体育教师的运动技能没有很高的要求，且没有体能的要求，往往满足教学要求即可，而运动员则追求运动技术的最优化和体能的极限

---

①　杨启亮. 体验智慧：教师专业化成长的一种境界[J]. 江西教育科研，2003（10）：3-6.

性。因此，单纯的运动技术技能不能成为体育教师专业发展的价值取向，一定的运动技能仅仅是体育教师职业方法手段层面的要求，不能成为体育教师专业发展的目标所在，不然运动员本身就是最好的体育教师。

教师专业的特殊性要求以"'如何教'的知识和能力的发展"作为基点。通常认为教师专业知识包括"教什么"的学科知识和"如何教"的教育知识，前者又被称为本体性知识，后者又被称为条件性知识。教育是一种培养人的活动，教师以培养人为天职，处于各个年龄阶段的学生是教育的对象，所以教师必须掌握和研究人的身心发展的规律，学习相关的教育教学原理，从而掌握培养人的理论、方法和实践知识；同时，教师要根据学生身心发展的特点，通过学科知识的学习来培养未来需要的人才，所以，教师也必须掌握如何将知识更好地内化为学生的知识和能力的理论、方法和实践，即学科教学法等方面的知识。体育课中教的内容很少是体育学中的理论内容，而教的运动项目中的技术和方法可以归入本体性知识。由此可见，长期以来我们的体育教师教育都是在强调学科专业化而忽略了职业专业化，这一点从体育教育专业课程方案中超过半数的术科课程、比重极少的教育学与心理学课程以及体育教育学类课程设置可以得到体现。

# 第三节　体育教师的知识结构

系统的专业知识在现代社会是一个专业立足的前提条件。显而易见，体育教师要有效地进行体育教学必须具备一定的专业知识。一个专业化体育教师究竟需要哪些知识呢？传统的有关教师知识的研究大多从显性知识的角度来进行界定和归类。对于教师需要什么样的知识，传统上占主导地位的观念是"能者为师""学者为师"，教师只要具有一定的文化知识，甚至知识稍多于被教者即可为师，人们并不在意一个教师是否会教，只要他知道"教什么"就足够了。门罗（Monroe）在《教育百科全书》一书中指出，这种观念在实践上一直延续到18世纪，尽管从几个世纪之前的文艺复兴起教育学与教学论就开始受到学术界的关注。从19世纪早期开始，教育科学的迅速发展开始转变人们的观念，教师除了掌握所教学科内容的知识外，还需要有关于教学的知识。但这一转变无疑是崎岖和漫长的，直到20世纪80年代，教师知识和教师教育作为一个学术领域才真正开始吸引大众的注意力。教育改革与教育研究的焦点以20世纪80年代中期为界，从"课程"转向了"教师"①。研究者们在很大程度上拓展了教师知识的概念，并且从不同角度建立了不同的模型去探索教师进行有效教学所需要的知识。根据在国外教师专业知识研究中影响最大的美国卡内基教学促进基金会主席舒尔曼（Lee S. Shulman）所建构的教师专业知识的分析框架，教师的基础知识可以分为七类：

（一）学科知识（content knowledge），指教师上课的学科课程的知识，包括具体的概念、规则和原理及其相互之间联系的知识。

（二）一般教学知识（general pedagogical knowledge），指各科都用得上的课堂教学管理与组织的一般原则与策略，如教学大纲、进度表、测验方式及演讲式、讨论式、自建架构式等授课方式，评估学生成果的方法等。

（三）课程知识（curriculum knowledge），指对课程、教材概念的演变、发展及应用的通盘了解。

（四）学科教学知识（pedagogical content knowledge），指理解各学科所需要的专门教学方法与教学策略。

（五）学生及其学习特点的知识（knowledge of learners），指学生在上课前懂些什么，不懂些什么，如何使用深入浅出的教学法及教材来提高学生学习的兴趣等。

（六）教育情境的知识（knowledge of educational context），指学生的家庭、学校以及社会等环境对教学影响的知识。例如，在大都市学校教学就与在乡下上课不同，这是因为学校团体或班级的运作、学区的行政与经费分配、社区具有的特点及文化背景等都存在着差异造成的。

（七）教育目的与价值的知识（knowledge of educational ends，purpose and values）。例如，对学生的学习目的是以提升个人品格还是升学为取向的认识等②。从舒尔曼有关教师培养的教学内容知识出发并加以修改，科克伦（Cochran）、德路透（Deruiter）和金（King）提出了一个综合性的"教学的内容认知"的模型，即教师知识的四个方面组成了教学的内容认知：关于学科的知识，关于教学的知识，关于学生的知识和关于环境背景的知识③。

在国内，对教师知识问题的探讨近年来备受教育学术界的关注，并在引进和借鉴的基础上形成了自己的观点。例如，谢维和教授认为专业化教师的知识主要包括三大类，即关

①　佐藤学. 课程与教师[M].钟启泉，译. 北京：教育科学出版社，2003.
②　刘捷. 建构与整合：论教师专业化的知识基础 [J]. 课程·教材·教法，2003（4）：60-64.
③　范良火. 教师教学知识发展研究[M].上海：华东师范大学出版社，2003.

于学生的知识（了解不同文化遗产、语言、家庭背景、性别、社区对学生经验与学习能力的影响，发现和认识学生的特点，掌握学生学习和发展的规律，因材施教），关于课程的知识（掌握任教专业课程的知识，掌握专业课程的组织、传递、评价的知识，知道自己专业课程技术的知识，连接课程目标、课程资源与课程技术的知识），关于教学实践的知识和技术（使自己的教学成为其他人可以接受的知识，设计教学环境、建构教学模式的知识，激励学生学习的知识，使用教学时间的知识，促成学生协作互动的知识，评价学生的知识，与家长交往的知识）。刘捷博士指出，现代教师所应具备的知识基础包括：广博的科学文化知识、系统的学科专业知识、坚实的教育专业知识（包括一般教育学知识、学科教学知识、教学情境知识）。辛涛、申继亮、林崇德等人从认知心理学的角度对教师知识进行了研究。他们提出，教学活动是一种认知活动，教师知识作为教师认知活动的一个基础，从其功能出发，可以分为四个方面的结构内容：本体性知识（subject-matter knowledge）（特定的学科知识，如语文知识、数学知识、体育知识）、条件性知识（conditional knowledge）（教育学与心理学知识）、实践性知识（practical knowledge）（在面临实现有目的的行为中所具有的课堂情境知识以及与之相关的知识）和文化知识（cultural knowledge）[1]。

有关体育教师知识结构的研究也大多是对上述理论学科化。如有人提出体育教师的合理知识结构包括三个层次：最高层次（提高、拓宽知识深度和广度）包括教学成就（本专业最高成就和技术进展）、科研成果（本学科学术研究前沿动态）、工作成绩（新生边缘学科和交叉学科）；中间层次（较系统的学校体育专业知识）包括体育专业理论知识、运动技术理论知识、教育专业理论知识；基础层次（文化、体育专业知识）包括一般基础知识、专业基础知识、马列基础知识[2]。构成高校体育教师知识结构最佳模式的主要成分及其重要程度依次为：第一，专业理论知识，它包含各运动项目理论、各运动项目技术和战术知识、各运动项目竞赛规则与裁判方法；第二，专业基础理论，它包含运动生理学、体育统计学、体育心理学和运动医学；第三，一般基础文化知识，它包含中文、外文、教育学和思想政治工作的理论与方法；第四，体育一般理论知识，它包含体育理论和体育管理学；第五，哲学基础知识，它包含辩证唯物主义哲学基本原理和自然辩证法[3]。未来中学体育教师合理的知识结构，由普通基础知识、体育学科专业知识和体育教育知识三大类

---

① 辛涛，申继亮，林崇德. 从教师的知识结构看师范教育的改革[J].高等师范教育研究，1999（6）：12-17.

② 张小民. 改善体育教师知识结构的设想[J].辽宁工程技术大学学报：社会科学版，2002（4）：111-112.

③ 盖建武. 对高等院校体育教师知识结构最佳模式的研究[J].体育学刊，1999（3）：23-27.

六个方面的 60 门知识构成。这三大类知识的关系是：第一大类知识是结构的基础，它是形成教师教学能力和学习另两类知识的基础知识。第二大类知识是结构的核心，它制约着体育教师教学、训练、科研、保健和社会活动等能力的高低。第三大类知识是结构的支架，它对教师的教学能力起决定作用，只有掌握了这类知识，教师才能在体育教学中施展才华，更好地完成体育教学的任务①。总的来看，体育教师应具备多层次复合的专业知识结构。体育教师专业知识结构最基础的层面是要有当代科学和人文两方面的基础知识，以及工具性学科的扎实基础和熟练运用的技能、技巧。体育教师专业知识结构的第二个层面是要有专业性知识与技能。教师要对所教体育学科的基础性知识、技能有广泛而准确的理解，熟练掌握相关的技能、技巧，这样教师才有可能花更多的精力去设计教学，在课堂上更多关注学生和整体教学的进展状态，而不是把注意力集中到教学内容本身上。体育教师专业知识结构的第三个层面是教育学科类知识。这类知识可以帮助教师正确认识教育对象，形成教育哲理，掌握教育管理、教学活动设计、教学方法策略选择、运用现代教育技术手段以及开展教学教研的知识与技能。教育专业知识结构的多层面复合性，还体现在三个层面知识的相互支撑、渗透与有机整合，而且这种整合了的专业知识表现为教师教育行为的科学性、艺术性和个人独特性，是教师职业文化的主体组成部分。

# 思考与练习

1. 简述体育教师的角色。
2. 简述体育教师的专业性。
3. 体育教师的知识结构是什么？

---

① 张琴，邓树勋，刘绍曾，等. 未来中学体育教师的知识结构[J].体育学刊，2001（3）：93-96.

# 第五章 体育教师教学专业发展路径

## 第一节 体育教师主体参与式培训的自主发展

### 一、教师培训观："补充"还是"转型"

教师培训，应该着眼于对其知识、技能进一步补充，还是应该更加强调教师自身在整体素质上的转型和发展？这是一个十分重要的问题，因为问题的答案直接关涉教师培训的目标取向和基本模式。事实上，这是教师培训的两种范式，即"补充论"和"转型论"。

"补充论"培训观认为，教师之所以需要参加培训，是因为教师原有的知识和技能已经陈旧和过时，已经难以适应教学的需要，不能解决教学实践中的问题，所以，对于教师的培训，就应该着眼于他们的这些问题和不足。据此，教师培训应该着眼于补充，即"缺啥补啥"，更多地关注现代教育教学的新的知识和技能技术的培训、学习，这种培训往往是由外而内的，教师是被要求参与的。

而"转型论"培训观则认为，教师需要培训的主要原因并非教师在知识和技能方面存在缺陷和不足，而是因为教育的发展尤其是学校体育的发展需要体育教师学习和掌握更多的知识与技能。而且，对于参加国家级骨干教师培训的中小学体育教师来说，不少教师在体育学科知识和技能方面甚至会比培训者更具优势，对他们的培训，更应该着眼于教育理论的学习和教育观念的更新以及知识和技能结构的整体优化。同时，基于主体意识的觉醒，教师内在地把教育教学视为一项需要不断追求的事业（而非仅仅是职业））而积极主动寻求外在条件的支持。培训过程中，教师通过对自己教育教学经验的反思和提升，使得自己的专业水平迈向一个更高的境界。从本质上说，参加这种培训，教师是发自内心的。

不同的培训观，必然导致培训制度和培训活动上的很大差异。虽然，"我国中小学教师继续教育的发展，已经基本上实现了从补充论的培训走向专业发展论的教师培训，中小学教师培训正处于转型的过程中"①。但现实中补课式的培训仍然较为普遍，特别是在当前国家对中小学教师学历提出更高要求的背景下，补课式的培训现象略显突出。

在笔者看来，对于中小学体育教师来说，学习和掌握新的具体体育知识和技术技能是适应社会和学校体育发展一个十分重要的方面。但同时，要顺应这种变化，教育基本理论和思想观念的更新同样不容忽视，简单地扬此抑彼的想法和做法都是不对的，二者都应受到重视。但笔者仍然认为，两种取向之间在价值序列上还是应有一定的选择和优先性。我们并不否认体育教师的具体体育知识和技能可能存在一些问题和不足，但是，对于这些问题，应该从一个新的视角和高度去审视，进而在一个新的平台上予以完善。基于整体的、比较的角度，我们更认同于后一种取向，即在当前的体育教师在职培训中，更应该注重体育教师教育基本理论和思想观念的学习和更新。因为，"学会学习""活到老、学到老"现如今已经成了学习型社会背景下所有社会成员实现自身持续发展的基本要求。体育教师素质的高低也不是取决于曾经的运动技能技术水平的高低，而是取决于其自我发展和持续学习的意识和能力。就体育学科来说，由于新的竞技项目和休闲体育项目的不断涌现，体育教师既不可能在职前教育阶段涉猎一切内容，也不可能通过职后的若干次培训实现自身知识储备的补足，体育教师更应该"学会学习"，进而把自我反思、自我更新内化为自身的一种思维方式、生活方式。正如学生学习是学生自己的事情一样，教师的成长也是教师自己的事情，那么教师培训的最终目的就是帮助教师形成自我反思、自主发展的意识和能力，这种自我反思、自我学习的能力有助于体育教师从自我出发对外在环境的变化做出自己的判断，在此基础上调整自己的行为，从而使得自身的专业实践日趋成熟。而且，对于以"技艺性"为典型特征的体育学科来说，体育教师的身体、体能状况都是随着年龄的增长而不断衰退，如果仅靠运动技能技术水平的修修补补应对不断变化的体育教育教学改革，显然是消极被动的。

新的体育与健康课程标准呈现出来的崭新理念，更是对体育教师的转型和发展提出了新的挑战。纵览《体育与健康新课程标准》，新的课程标准与以前的课程标准相比，既非简单的数量上的增加或者减少，也非内容难度上的提高或者降低，它所呈现出来的是一种体育课程的整体转型。广大体育教师是体育课程变革的主力军，倘若他们缺乏实施新课程需具备的观念、知识和能力，不能理性分析和准确把握体育与健康课程标准的目标、内容、方法和策略，势必造成体育教师在思想上茫然，行动上无所适从，最终将制约体育课

---

① 朱益明. 教师培训的教育学研究 [D]. 上海：华东师范大学，2004：75.

程改革的顺利推进。这就在客观上要求体育教师更新观念，以新的视角重新审视体育学科，从体育课程的被动"执行者"变成体育课程积极主动的"开发者"。此外，从一个更加具体的维度来看，目前中小学校实施的课程综合和综合活动课程，由于打破了传统的科目之间不可逾越的界限以及学校教学知识与社会日常生活知识之间的藩篱，这就使得各学科教师包括体育教师不能再仅仅用自己纵向的科目来思考问题，而必须基于新的横向综合的角度予以考虑。所有这些，对于体育教师而言，决非仅仅依靠某些知识、技能的补充就可实现的，它关涉体育教师教育思想更新，关涉体育教师视野的扩展，这就要求针对体育教师的培训活动必须随之发生转型。

## 二、体育教师培训的主体诉求

体育教师培训要走出工具主义的传统范式，就必须确立教师的主体地位，并形成"教师教育的现实主义范式"。

根据建构主义的观点，教师知识的完善并非一个简单的授受过程，而是在反思其教育实践情境的过程中逐步形成个人的知识。因此，现实主义的教师教育范式反对过度关注理论知识的传授，主张更加关注教师的感性知识和实践性知识，并把重心转向引导学习者进行探究、学习者之间的互动和反思意识及反思能力的形成。具体来说，教师教育范式的变革应呈现出以下变化。

### （一）培训目的——促进体育教师内在世界的改变

在以往的教师培训中，我们往往注重于知识、理念和概念、判断、推理等知性因素的把握，却在很大程度上忽略了教师自身的感受、体察、领悟、想象、回忆等心理活动的价值，压制了教师的直觉、悟性、灵性的释放，培训者与受训教师难以实现心灵上的对话。我们认为，作为主体的教师，不应该被贬抑为"传输工具"，而应根据自己的方式思考和实践，要自主地、自觉地进行创造性实践。教师的专业发展最终还是要落实在个体教师身上，教师的专业发展必须由外部操控和自在自发状态转变为内部驱动和自由自觉的自我发展状态。因此，教师培训应该达到的最高境界也应该是促进教师"无须扬鞭自奋蹄"，借着培训活动中的实践活动，唤醒潜能，养成习惯，引领教师自我实现。不注重体育教师主体的自我反思意识的觉醒和反思能力的提升，一味地依赖单一的"你讲我听"的僵化模式，缺乏教师主体的自我反思以及在此基础上的主体间的互动交流，其效果是可想而知的。依据现代培训理论，作为成人的一个重要标志是是否具备了自我反思的意识和能力，是否能够通过自觉地反思自身经历以获取进一步成长的养料。作为成人的教师，是否拥有反思的能力和习惯同样是其成熟与否的重要标志。成人培训的最终目的应该是让成人养成自我反思的意识、能力和习惯，使他们能够客观、全面地审视自己成功的经验和失败的教训，并在持续不断的反思中提升、完善自己。教师培训作为成人培训的一种，其最终目的亦然。从局限于知识技能的补充到注重反思意识与习惯的培养，这体现了教师培训模式的转向。当然，这并不意味着教师培训不需要关注教师的知识和技能以及技术性的因素，相反，我们认为，知识和技能的补充乃是一个不容忽视的方面。但是，在当前的教师培训中，我们更应关注的是教师的教育理论、观念的完善和更新。如同教育所关切的应该是怎样培养"完整的人"，而非以传授某一学科领域的知识和技能为终极目的一样，教师培训也应以教师的整体性转型为指归。在当代教育改革的背景下，教师须由知识的传授者转变为促进者，由管理者转变为引导者；教师必须更新自己的知识结构，善于开发课程资源；教师要有整合课程的能力，以及将信息技术恰当应用于体育教学的能力等。此外，基础教育阶段实施的课程综合和综合活动课程，由于打破了传统的课程之间的壁垒，打破了学校正规课程知识与社会日常生活知识之间的界限，这在客观上要求教师不能再仅仅依赖自己纵向的课程来思考，而必须站在新的横向综合的高度进行考虑。凡此种种，对教师来说，决非仅仅通过某些知识或者技能的弥补就能实现的。它关涉教育思想、理念的变革，关涉教师视野的扩展。如若我们仍然停留在既往的目标和理念基础上，为教师提供我们所认为的必需的新知识和能力上，其最终结果是不言而喻的。正如有研究者指出的，推动普通教师发展成为优秀教师的，主要并不是因为他们的知识和技能，而是他们头脑中形成的关于学生、自我以及职业的信念，特别是他们在工作中表现出来的实践智慧和批判反思能力。仅仅关注行为模式的改变而不关注意识结构的重塑的培训定然是低效的，教师培训必须着眼于教师的自我意识、价值取向、教育信念和追求等内在思想活动的深层次建构上。因此，这迫切要求教师培训模式的转型：引领体育教师成长为反思型教师、专家型教师。任何教育理论研究及外部因素最多可以为教师的成长提供一些建议，任何建议在教师愿意主动地以研究和反思的心态与外在力量产生契合之前，不可能被教师真正地接受并形成个人化的理解，行为的改变更不可能。因此，体育教师教育培训就是要唤醒体育教师专业发展的主体意识，促进体育教师的自我反思，营造一个适宜的环境和文化，让教师产生一种学习的主人感，引导教师在变化的环境下仍然愿意从实践中学习，拥有自我成长的能力，在教师教育项目结束后能实现可持续发展。这种对实践的反思能力，乃是教育变革大背景下体育教师实现自身发展所必需的重要素质。

（二）培训起点——全面研究受培训者的学习需要

根据马扎诺的行为模式理论，只有学习者认为学习目标是迫切需要的，学习行为是有意义的，或者认为结果可能是成功的，他们才会产生很强的学习动机，才会乐意选择接受学习任务；反之，则会对新的学习任务持回避或抗拒态度。只有在学习者对新任务给予积极肯定的态度后，他才会启动他的"元认知系统"。元认知系统会根据新任务提出明确的要达到的目标并给出清晰的实施计划，而且还会尽力采取有效的方法策略保证任务的完成。在当前实施的教师培训中，大多数都是把"启动元认知系统"作为教师培训的起点，而缺乏对这一步骤前的教师态度和情感给予充分重视，没有认真考虑教师是否真正愿意接受培训。事实上，教师都会对拟接受的培训有一个价值判断，只有当教师对培训持积极肯定的态度时，他才会真正全身心地投入到这一活动中，从而使培训向着预期方向发展。在不少教师培训中，正是由于教师仅仅被视为整个培训流程中被安排、被设计的一部分，专家给他们的内容并非他们所需要的，其主体地位没有凸现出来，教师主动学习的积极性必然大大降低，因而出现了一些教师"为了获取证书而接受培训"的功利行为。

美国有效教学论专家加里·D.鲍里奇指出，每一个课堂的教育对象都存在着大量的个体差异，无论你多么熟练地传授知识，这些个体差异都会对你的教学效果产生一定程度的影响。宏观上来看，教师培训有别于职前教育的一个突出特点是其教育对象的在职性和成人性；从中观上来看，教师培训可以根据培训对象的不同区分为不同的层次，如初任教师岗前培训、在职教师岗位培训以及骨干教师提高培训等；从微观上来看，即便是在同一培训班级里面，培训对象的思想素质、职业态度、专业水平、能力特长和兴趣爱好等方面也有较大差异。为此，只有充分地了解培训对象的专业发展基础和主体需要，才能切实提高体育教师培训的针对性和实效性。对培训对象学习需要的分析是中小学体育教师培训课程和教学设计的起点，要实现教学效果的最优化，就必须聆听教师的心声，重视对教师学习需要的掌握。对学员学习需要的全面把握和分析是制定培训目标、选用教学内容、设计教学策略和实施教学评价的重要依据。

（三）培训内容——关注情境性、实践性知识的生成

教师的专业发展建立于教师的思想、素质、知识、能力和情意等基础之上。其中，教师的知识基础的重要性尤为突出。这是因为，教师的知识和认知对教师教育教学的方方面面都有深刻的影响。有研究指出，"教师知道什么以及怎样表达自己的知识对学生的学习

至关重要，教师知识的深化是促进他们自身学习和发展的主要途径"①。而教师的知识可分为两类，即理论性知识和实践性知识。理论性知识包括教育学、心理学、学科知识以及一般文化等原理类的知识，这些知识可以通过阅读和听讲等形式获得；实践性知识则是教师在教育教学实践中实际应用的或者表现出来的知识。前者往往停留在教师的大脑里和口头上，是教师依据某些外在标准而形成的应然性理论；后者却是积淀在教师内心深处、为教师真正相信并在教育教学活动中实际使用的"实然性理论"，它支配着教师的思想和行为，并渗透在教师的教育教学活动中。因此，教师的实践性知识是其专业发展的主要知识基础，在其教育教学工作中具有无可替代的重要作用。教育作为一种特殊的实践活动，涉及众多因素，呈现出高度的复杂性和情境性。虽然人们总结出了不少教育理论和原则，但面对纷繁复杂的教育活动，离不开体育教师实践性知识的支持。例如，一次体育课上某个运动项目的教学中，在一个学生提出疑问时，或某个学生做出不正确的动作时，或发生无法预料的伤害事件时，应该如何处理，需要教师及时果断地做出正确的抉择。事实上，体育教师的教学经验正是在这样围绕具体项目、具体学生、具体课堂的体育教育实践中得以积累和发展起来的。而现实中，有的体育教师虽然拥有较为扎实的学科知识，也不乏教育学、心理学知识，但仍然不会教学，原因就在于实践性知识的匮乏，教师唯有在实践中方能积聚起自身的教育能力。

长期以来的教师教育实践中，技术主义范式始终占据着主导地位，这种范式倾向于高效率地向教师传递理性知识。但依据建构主义的观点，教师知识的形成过程并不等同于知识的传授过程，教师知识与技能的形成与教师个性化的学习有着不可分割的联系。就教师教育来说，教师的感性知识和实践知识的培养是一个比显性知识传授更为重要的问题。因为教师的专业学习总是始于具体的教育实践和实践活动中的主观感知。教师教育的任务应在于让教师的默会知识渐趋清晰，而不是一味地注重理性知识的传授。"教师培训不是为了解决结构良好问题的基础学习，而是旨在解决具体情境中结构不良问题的高层次学习。"② 高层次学习应该以情境性教学模式为主，学习的内容也应该以真实性、情境性的任务为主。教师在这种复杂的、挑战性的情境性任务中掌握的经验，才能促进教师形成针对具体情境的问题解决图式，而非情境性的、批发式的理性理论知识的灌输是难以有效提升教师灵活解决现实中教育问题的能力的。远离了教师教育情境的知识学习，不过是储存

---

① ［加］康内利，等.专业知识场景中的教师个人实践知识[J].华东师范大学学报（教育科学版），1996（2）：6.

② 何菊玲.教师教育范式研究[D].西安：陕西师范大学，2008：122.

一些没有丝毫意义的静态知识而已，难以与教师自身的已有经验和教育生活发生碰撞，自然难以产生迁移。因此，学习绝非简单地获取某种认知符号，而是教师对真实情境的参与，教师的有效学习也绝非对一些概念的强行识记和对新理论不假思索的接纳，而是基于真实、鲜活的案例背景的情境学习。因此，体育教师培训应该着眼于体育教育实践，特别要注重教师专业发展和体育教学实际的结合，突出成人学习的特点，注重引入新理念、新项目、新技术和新方法，通过培训能够让体育教师真正有所学、有所悟、有所用。应当具体考虑体育教师专业发展所处的阶段制定培训内容，突出内容的时代性、先进性、针对性、实用性。培训还应重视体育教师动手能力、多媒体运用、体育项目最新裁判法、竞技体育欣赏和体育科研方法等内容的再学习。

放眼异域，不难发现，不少国家体育教师培训的共同特点就是围绕体育教学中的实际问题和具体情境而展开，培训内容能够与教育改革密切联系，并结合学校和体育教学实际。譬如，英国里丁大学的体育教师培训，过去曾经过于看重理论知识的传授，而近年来则更加注重理论与实践的紧密联系。高质量的培训应该唤醒和培养体育教师的问题意识，以冲突现象的追问为支点提出"自己的问题"，把自己的教育观念、教学过程、教育策略以及教学活动的内容等，与自己所提出的问题密切联系起来，做一个经常"有问题"的体育教师。培训者只有把那些枯燥乏味的知识、技能讲授转化为能诱发教师探究和反思的活动，把新的知识纳入体育教师已有的经验体系中来，方能使其真正做到学有所用。

（四）培训模式——参与式培训

随着教师教育从"补充"到"转向"，教师专业发展的"理智取向""实践反思取向""生态取向"的相继滥觞，汲取了社会相互依赖理论、行为主义理论和建构主义理论等重要研究成果，在倡导人的主体性，强调实践反思，鼓励专业合作等理论认识和实践取向的影响下，"参与式培训"在教师教育领域逐渐引起了重视。"参与式培训"始于20世纪后半叶，其核心思想在于强调受训者的主体参与，这种参与意味着教师在身体、认知和情感方面都融入了群体性活动中。从社会学观点来看，"参与"反映了个体与个体之间以及个体与群体之间的交往方式和相互影响的程度。而在政治学视域中，"参与"则体现了人与人之间的平等和民主。尽管从不同的学科视野来看，"参与"意味着不同的内涵，但是，个体的自主与发展却是每一种视野共同强调的。从"参与"理念发展过来的参与式培训，以促进人的自主发展为旨趣，通过设置具体情境，引导参与者在活动中审视自身的原有经验和观念，在互动交往中借鉴他人的长处，生成新的思想观念，最终实现自我更新和发展。因此，有别于传统的忽视了成人学习者的主体性，忽视了成人学习规律而一味灌输理性知识的"接受式教师培训"，参与式教师培训旨在构建合作交流的氛围，引导教师身体力行地参与到主动、合作、探究的学习活动中，最终实现教师自身在意识、态度和行为上的整体性转变。

1. 促进体育教师反思并提升自己的经验

经验是人们在社会实践中形成的知识、思想和体验的共同体，而学习，其实就是原有经验的迁移过程。"所有的学习都涉及原有经验的迁移。建构主义认为，任何学习者都不是脑袋空空地进入新的学习任务的，学习是学习者在已有经验的基础上展开对新的知识的理解和建构。因此，体育教师培训不应被视为一项洗脑工程，不是让教师"改头换面，重新做人"，而应该是在教师的原有知识经验基础上为了顺应教育变革和自我成长而实施的提升与发展过程。事实上，体育教师原有的经验（包括运动的经历、认识经验和教师自身接受体育教育的经验等）是其继续成长的生长点。真正对教师个人教育教学行为起作用的是教师个人头脑中积淀的"教育理论"，而这种个人化的教育理论并非直接接受某个专家倡导的教育理论的影响，更多是源于教师日常生活经验、教育教学经验的自我解释。丰富的经验积累不仅导致成人不同的学习类型，更为重要的是成人学习者最丰富的学习资源就植根在成人学习者自身。如若说成人独立清晰的自我意识是成人学习的必要前提的话，那么成人拥有的经验就是其参与学习活动的依托和基础。譬如，体育教师教学知识主要是在其指导学生掌握系统的体育基本知识、技术和技能，增强体质，增进健康，发展个性和形成良好的思想道德素质的教育实践活动中形成的，"在职经验"和"教学实践"对体育教师教学知识的形成有着极为重要的影响。教师拥有的丰富经验为其获取新知识奠定了扎实的基础，并为其学习迁移创造了条件。由此，教师培训中，体育教师的已有经验必须受到足够的重视。而对教师的个性化经验的关注，也在某种程度上代表着对体育教师人格的尊重，而对教师个体独特价值的尊重，正是确保教师培训能够保持生命力之关键所在。反之，如果教师的经验在培训中没有得到尊重，没有被视为学习资源充分关注，那么他们很可能会把这种冷落看作是对其经验的遗弃，甚至会认为这是对他们自身的抛弃。但值得注意的是，教师的经验在没有被仔细审视之前，仍然可能是盲目保守和僵滞的。经验层次的体育教师往往把教学看作是一种机械的、操作性的活动，即一种按照既定的程序、固定的模式进行的简单重复性活动，其教学决策的采用通常源于其自身的习惯性做法，甚至经常是一种直觉反应，而鲜有理性的审视，其模式化的思维通常是"我以前做学生时就是这样学习体育的，当了老师后我一直是这样教体育的，教学效果也还可以（学生达标情况很好）"。显然，如果一味承袭具体经验、固守传统的习惯模式，体育教师就不会有调整和更新自己教育观念的内在需要和动力。因此，教师培训应该激发教师对自己的已有经验进行反思和审视，并形成反思性的思维习惯。

2. 拓宽体育教师自主学习与合作参与的空间

依据成人教育理论，成人在学习上倾向于一种"自我导向学习"——自我指导并做出自己的选择。教师作为成人学习者的身份决定了他们在培训过程中参与的主动性。有效的教师培训离不开教师的主体参与，教师在培训的设计和实施中必须有更多的话语权。因此，在培训中，应该为教师"增权"，营造一种自由宽松的环境，确立自主选择机制，为其学习提供各种资源，激励他们积极分析自己的学习需求，确定自我学习的目标和关键。苏霍姆林斯基曾经说过，如果你想领悟教育的真谛，那你就不能捂住教师的嘴。这句蕴含着较强哲理性的教育箴言告诉我们，一线教师对于教育情境的理解是最为真实的，最理解教育的人就是身处教学第一线的教师。在参与式培训中，培训者不应居高临下地"揭露"教师存在的这样那样的问题，也不应越俎代庖地给教师提供现成的答案，而应采取多样化的方式鼓励体育教师以主体身份参与到培训中，独立自主地发现问题、思考问题。在培训过程中，应尽量多留出一些时间，让教师们思考接下来应该做什么和怎样做。同时，根据建构主义学习理论，学习过程中，同伴之间的互助与合作、交流与对话，乃是对个体自主学习的一种必要补充，自主学习与合作学习应该相互为用、相辅相成。在教师培训中，体育教师之间、专家与教师之间合作的人际关系往往是促进体育教师发展的另一个有力保障。合作的关系和氛围往往可以提供更多的参与机会，并促使参与者形成较高的参与度和认同度，还有助于促使教师主动而有建设性地与他人分享自己的经验和知识，在群体互动中提升自己。在这一过程中，受训者（体育教师）与培训者（专家或研究者以及优秀体育教师）构成了一个"培训共同体"——以促进体育教师专业发展为价值导向，以教师之间的互动交流和分享培训资源为主要交往方式，共同完成教师培训。参与式培训超越了以往中小学教师始终被动地坐在"听众席"上的单一方式，而是真正作为学习的主体直接参与到问题解决方案的思考之中，并在其中彰显了自己的智慧与力量。当然，在参与式培训中，教师教育者也可以在与中小学体育教师的互动对话中，感知到鲜活的实践经验与教育智慧，从而为自身基于实践的理论提升夯实了基础，增强了观点呈现的信念与能量。换言之，参与式培训也具有促进教师教育者专业发展的现实意义。这样的体育教师培训也正是体育教师所需要和期望的。

综上所述，现实主义的教师教育范式比较关注如何拉近理论和实践之间的距离，其最终目标在于激发教师的反思意识和反思能力，形成一种自主发展的意识和能力。教师教育应该要促进教师进行反思，使教师意识到自己是自身专业发展的主人，进而能够在结束教师教育项目以后的教育实践中自主地持续不断地获得发展。

# 第二节　体育教师的教学反思模式及其发展

## 一、教学反思模式

教学反思的理论基础是"反思性教学"的思潮。反思性教学（Reflective Teaching）是20世纪80年代在西方发达国家师范教育改革过程中，顺应教师专业化的要求而兴起的，并逐渐成为影响当今世界各国的教育实践的教学思潮。可以说，反思性教学是教师研究解决教学过程中的问题的重要手段，也是促进教师专业发展的有效途径。

### （一）教学反思的概念

反思性教学是在对"教师反思"研究的基础上发展起来的。把反思性教学看作"教师主体借助理智的思考、批判的态度和方法进行批判分析的过程""不仅要从技术上考虑、质疑或评价自己教学的有效性，而且要理解教学的广泛的社会和道德的基础"，主要包括"课堂情境反思、课堂实践基础反思、道德伦理反思"三个层次。一句话，反思性教学就是"教师主体通过一定的反思性实践，对一定对象进行反思以达到促进教学实践发展，实现教育目的的过程"。

教学反思又是怎样一种含义呢？教学反思是指教师借助行动研究，不断探讨教学目的、教学工具和自身方面的问题，不断提高教学实践的合理性，使自己成为专家型教师的一种方式和途径。它的基本含义包括三个方面：第一，教学反思，以探究和解决教学问题为基点。教师不是机械地按照教材或课程标准按部就班地行事，而是在领会的基础上，重点解决教学中存在的问题，并在解决问题的过程中使教学过程更优化，从而取得更好的教学效益。第二，教学反思，以追求教学实践合理性为动力。教师越能反思，教师的教学实践能力就越强。通过反思可以发现新问题，进一步激发教师的责任心，从而把教学实践提升到一个新的水平。第三，教学反思，是全面发展教学的过程。教学反思要求学生"学会学习"与要求教师"学会教学"统一起来。当教师全面反思自己的教学行为时，会使自己变得更加成熟。

教学反思作为一种反思性行动，主要表现在三个层次上：第一个层次主要是反思课堂情境中各种技能与技术的有效性；第二个层次主要针对课堂实践中的问题，把教育理论应用于教育实践，以做出独立决策；第三个层次主要针对课堂中的道德和伦理问题，反省和检查有关行动的规范化。

### （二）教学反思的方法

#### 1. 总结反思法

总结反思法是总结反思自己或他人教学实践活动中的经验与教训的方法。总结反思的内容十分广泛，可以总结反思自己在教学过程中的各种灵感顿悟和自己对教材、学生、教法等要素的理解，可以总结反思学生和同事的反馈意见，也可以总结反思他人的宝贵经验或失败教训，还可以总结反思教学实践中的关键事件。关键事件是指自己认为对自己专业发展影响较大的事件，可能是一堂成功或失败的课，也可能是一次师生矛盾的冲突，还可能是一次与专家的对话等。要对关键事件反思，首先要对关键事件进行如实记录，因为任何事件本身是无法呈现自身意义的，只有在事后的反思中才能断定它是否真是"关键事件"。因此，我们平时要善于关注对自己的教育观念和教育行为触动较大的事件，以便为事后回顾反思提供原始的素材。

#### 2. 对话反思法

对话反思法是通过与其他教师研讨交流来反思自己的教学行为，使自己清楚地意识到隐藏在教学行为背后的教学理念，进而提高自己教学监控能力的方法。对话反思法类似于我们平常采用的专题性的小型研讨会。其操作程序为：第一，由一名执教老师围绕研讨专题上课，其余老师带着问题听课。第二，由执教老师阐述自己教学设计的内容，以及这样设计的理论依据。第三，由执教老师与其他听课老师展开对话，产生思维碰撞。第四，执教老师根据讨论结果重新修改完善教学设计方案，并写出反思性总结。

#### 3. 录像反思法

录像反思法就是通过录像再现教学过程，让教师以旁观者的身份反思自己或他人的教学过程的方法。这种反思方法能起到"旁观者清"的效果。这种方法的操作程序为：第一，上课和录像。第二，观看录像，比较录像的教学过程与预先的教学设计有什么不同。第三，反思评价，包括自我评价和听课或观看录像的人员的评价，评价主要教学环节所应用的教学技能和策略及理论依据。第四，根据评价内容进一步修改完善原先的教学设计，并写出反思性总结。

#### 4. 行动研究法

行动研究法就是针对教学实践中某个难以解决的问题，运用观察、谈话、测验、调查问卷、查阅文献等多种手段，分析并了解问题产生的原因，设计一个研究方案，以求得问题解决的方法。行动研究法是一种自我反思的方法，也是目前比较盛行的科学研究方法。

这种反思方法的操作程序为：第一，在反思自己或他人经验与教训的基础上，确定自己所要研究的问题。第二，围绕所要研究的问题，广泛地收集与该问题有关的文献资料，在此基础上提出假设，制订解决该问题的行动方案。第三，根据行动方案展开研究活动，并根据研究的实际需要对研究方案做出必要的调整。第四，收集研究信息，撰写研究报告。

### 5. 档案袋反思法

档案袋反思法就是以专题的形式促进教师不断反思，从而提高教师反思能力的方法。在运用这种方法时，首先要根据自己的教学实际确定反思的专题，并进行分类。例如，创新教育类、转化后进生类、课程开发类等。然后在每个专题下，由教师本人回忆自己的教学观念、教学行为，并对其进行反思，从而记录下自己过去的状况、现在的状况、自己的进步及自己尚需努力之处。可以说，档案袋可以代表教师个人在某一领域或某一专题内研究发展的历史、现状与未来趋势。档案袋建立的过程是教师对已有经验进行整理和系统化的过程，是对自己成长积累的过程，也是教师自我评估、自我教育的过程。教师填写档案袋的过程本身就是自我反思的过程。

### （三）教学反思的一般程序

教学反思可分为五个步骤：第一，明确问题。教师选择特定的问题加以关注，作为反思的对象。教学反思以探究和解决教学问题为基本出发点，明确问题是教学反思的首要步骤。问题可以是教师在教学中碰到的困难，也可以是有效教学的经验，或是教师在业务学习中遇到的问题。教师通过对实际问题的感受，通过总结自己的经验，收集其他渠道的信息，从而意识到自己教学中存在的问题，并产生研究这些问题的欲望。第二，收集资料。教师围绕已明确的问题，从课程、学生、管理等方面入手，采用查阅文献、观摩研讨、专访等方式广泛地收集信息，特别是关于自己教学活动的信息，然后以批判的眼光反观自己，分析产生这个问题的原因，以及他人在处理这个问题时的教训等。第三，分析资料。教师以问题为中心，分析收集来的资料，理解问题，形成对问题的表征。在这一步骤中，教师可以不断地进行自我提问，并对提出的问题在已有的知识中搜寻与其相关的信息。如果搜寻不到，教师可以向其他教师请教，或阅读专业书籍。这种调查分析的结果有助于教师形成新的创造性地解决问题的方法。第四，建立理论假设，解释情境，指导行动。一旦理解了问题，教师就应开始尝试建立理论假设，以解决问题，并且在内心对行动的短期和长期效果加以考虑。第五，实施行动。在对行动的各种效果进行认真评价后，教师就可以开始实施行动计划。当这种行动再被观察和分析时，就开始了新一轮循环。

应当指出的是，五个步骤的划分是相对的，每一步骤都不可能与其他步骤截然分开。

例如，在收集资料、分析资料的过程中，一方面，有可能加深对问题的认识，并对其进行进一步的修正或限制；另一方面，收集、分析资料无疑是以问题为导向的。

## 二、自我反思：体育教师的内省

从一个新的三维分析框架来审视体育教师的专业发展，除了旨在扩大大众对体育教师发展的认识视野与思维之外，还希望体育教师能够在这样一个纷乱世界之中对周围的生存环境与制度、学生的体育学习开展情况、自身的专业发展进程等进行自我反思，从而突破多年来一直倾向于技术理性的体育教师教育价值观。传统技术理性的体育教学是一种"单向度"和"自上而下"的教学方式，它强调以"教师为中心"、以"教材为中心"，"传授式"的教学方式是其基本特征之一。而反思性体育教师则能在一定程度上改变这种"单维"现状，从而造就反思性的体育教学。反思性体育教学被认为是一种情境性的实践，具有复杂性、不确定性、多变性的特点，肖恩称其为"专业艺术气（Professional Artistry）"，与传统的技术理性体育教学相比，反思性实践教学具有如下特点（表5-1）。

表5-1　技术理性教学观与反思性实践教学观的特征对比

| 比较内容 | 技术理性的教学观 | 反思性实践的教学观 |
|---|---|---|
| 理论基础 | 技术理性主义、行为主义、要素主义 | 反思性实践认识论、认知心理学、进步主义、批判理论 |
| 假设 | 掌握知识和技能就能引起教学行为的改变 | 依靠理论在教学中及对教学进行反思，才能改进教学行为 |
| 知识的特征和来源 | 显性的公共知识，通过理论学习而获得 | 隐性的默会知识，在实践中产生 |
| 教学观和教师观 | 教学是技术性事业，教师是技术人员。教学是知识传授系统，教师是应用科学的单向度的人 | 教学是情境性的"专业艺术"，教师是专业人员，是反思性实践者，是多向度的人，具有多重角色 |
| 教师资格能力 | 教学的知识和技能 | 知识、技能和品性，强调反思和批判能力 |
| 评价观 | 标准化的纸笔考试，方法单一，注重结果 | 绩效（真实性）评价，方法多样，注重过程 |

从表5-1我们可以看出，反思性教学对教师的要求比传统技术理性教学的要求要高很多，而这种高要求还只是作为反思性教学自身的基本要求。如果我们将三维审视的理念也渗透到体育教学中去，那么对体育教师自身的要求就更高了。作为专业发展的一种要求，

体育教师反思自身有着内在与外在的必然要求。

### （一）"纷乱世界"的社会背景需要体育教师反思自身的发展

自改革开放以来，中国在经济、文化、政治、教育等领域都取得了举世瞩目的成就，使得中国在世界系统中的社会地位急速上升，而这一切都可以视为社会发展的成果。所谓社会发展，是指以个人为基础的社会关系出现从个人到社会总体的自由延伸，个人的自由延伸到社会整体关系面，包含个人的物质及精神自由发展到社会层面，并取得社会化的一致，这其中包含经济、人文、政治等一系列的社会存在的总体发展。也就是说，社会发展的主体终究还是人，且发展的结果最后也要体现在人身上。其实，我们在收获发展所带来的利益的同时，也带来了发展的负面影响。从负面影响的角度来讲，我们现在所处的社会就是一个"纷乱"社会，而"纷乱"社会的特征在很大程度上表现为社会主体的良心丧失。以教育领域为例，高中毕业班学生因教师施加的压力过大而跳楼、幼儿园教师因为小朋友掉了一块饼干而"怒发冲冠"等；再如，体育课上"野蛮"的体育教师对运动技能掌握不好的学生以围着操场跑圈作为一种变相体罚，当学生之间发生争端时不分青红皂白各打五十大板等。这些现象的出现，表明我们所处的社会教育秩序并非像我们的经济发展那样令人满意，教师也似乎没有具备一颗教师应有的"教育之心"。因此，作为社会群体组成部分的体育教师，当其处在这个"纷乱"社会之中时，就需要反思自己，主要包括三个方面：一是自己的专业发展是否受到了这些社会负面行为的影响；二是自己是否思考过"通过体育教学的开展而在一定程度上能够缓解这种现象"；三是自己在"纷乱"社会中的专业发展是否有较好的效果等。

### （二）基础教育体育课程改革对体育教师提出了反思的要求

如前所述，体育教师的专业发展是对话、规训与权利的过程。其实，仔细分析"对话""规训""权利"三个词的内涵，它们都需要通过建立反思这一途径来实现，这又从另外一个层面提出了体育教师反思的合理性问题。所谓合理，是指符合道理和事理。体育教师为什么要在专业发展的过程中进行自我反思，除了社会大背景对其要求而带来部分合理性之外，通过对其内在框架的分析也带来了一部分合理性。也就是说，体育教师反思自身的发展问题是合情合理的。但是，合理性主要还是停留于道德和理论层面，它不具有法律的约束性，如果说人们不愿意遵守这种游戏规则的话，我们顶多只能去谴责，而不能有其他任何的实际行动。

为了改变这种被动状态，体育教师专业发展的合法性又被提及。从另外一个层面来讲，合法性又可以看作是"应然性"，即体育教师应该要这么做，不容许有太多商量的余地。一般而言，合法性都需要通过法律文本来体现，即要以一种制度化的形式呈现在大众的面前。在我国颁布的《教师法》《教育法》等法规中，我们可能找不出直接要求体育教师要进行专业发展反思的话语，但我们相信，这些法律本身肯定也蕴含了类似的意思。当然，法律文本毕竟只能简洁明了，它对某一问题的规定需要通过具体的载体体现出来。例如，要求体育教师进行专业发展的精神就体现在了基础教育体育课程改革的相关文件之中。这些相关文件的出台，都是以基本法律为背景，在很大程度上要体现法律本身的意志。因此，在基础教育体育课程改革积极推行的背景下，要求体育教师进行专业发展的反思就成为一种合法性的要求，每一位体育教师都有责任、权利和义务去积极履行反思行为。

在明晰体育教师作为专业人员的基础上，借助"他者"的分析视角来审视体育教师的专业发展不仅是思维开阔的表现，更是时代的发展与需求。实际上，审视体育教师的专业发展只是一个手段，或者还只能说是一个工具，我们的最终目的是基于外围视角的反思而过渡到自我的反思与审视。唯有如此，才能在体育教师心中打下深深的烙印，让他们清楚地知道自身的缺陷与不足，并结合自己体育教学实践活动的开展而进一步构建自己合法的身份，即真正地成为专业性的人员。其实，成为专业性人员就是获得"门户"地位的过程，而这个过程则需要一个普适性的"专业标准"来区分谁能成为"门户"中人，这种区分也要允许适度的"张力"。

## 三、体育教学中的反思缺失

从我国的体育教学实践来看，还有许多不尽如人意之处，其症结之一就是对体育教学活动中的境界把握不够，过多地把体育教学定位在有形有色的动作状态和运动量上，而忽略了对反思活动境界的追求。体育教学活动主要包括三个层面，即行为层面、技术层面和反思层面。行为层面的活动是针对其他课程的静态教学而言的，要让课堂动起来，让学生有较多的运动机会，强调的是运动参与。技术层面的活动主要是从事各项运动的技巧与方法，强调的是运动技能的掌握。反思层面的活动要求关注的是学生在活动中的理性思考，这是超越具体活动形态的精神活动。行为层面的活动与技术层面的活动都可以表现出独立的形态，而反思层面的活动是以前两种层面的活动为载体的，在行为与技术活动中运行并作用于这两种活动，所以反思活动实际上是一种超乎外显活动状态的境界，而更多地表现为内隐的思考。前面两个层面活动的共同缺陷在于容易使活动者"为了运动而运动"，从而迷失于运动中，勤于运动而疏于思考。反思可以使行为与技术层面的活动获得提升，使学生能够很好地了解运动的本意，从而更好地促进学生学会学习、学会锻炼并最终实现终身体育。

（一）反思在体育教学中的价值体现

反思在体育教学中起着不可或缺的作用，离开反思，单纯的行为活动和技术活动都难以实现体育课程的真正意图。尽管前两种层面的活动可以使活动者获得较多的经历和体验，但体育课程的教育价值绝不仅仅是为了使学生无休止地去经历和体验，更重要的使命在于使这些经历和体验统一于个体身上，并奠定终身体育的良好基础。

1. 反思所关注的内容具有间接性

反思活动主要是对运动的目的、实现途径、价值、内在精神等进行反省，是在较高层次上对运动给予关注，并在关注的同时，探寻体育教学的内在价值。这样学生作为运动的参与者，在使自身融入体育教学的同时，又能够对运动、运动与自身的关系、运动的实现方略等进行独立的建构性的思考，能够鸟瞰式地把握运动而不是被动地从事运动。

2. 反思在活动中发挥着整合功能

在大多数的体育运动项目中往往包含着多种具体内容，通过反思，学生可以在思维领域内寻求活动内容的关联性，如篮球技术中的传、运、投等，使这些内容得到整合，认识到各项运动内容的综合统一，从而能勾画出运动立体图景的画面。反思活动既包含了运动的一般经验，又超出了一般经验的具体内容，它是对运动经验的概括。

3. 反思蕴含着创造

体育运动的特点之一是非预定性，即运动的设计与实施是动态变化的，允许和鼓励针对不同人和不同情境进行演化，如篮球技术中如何运球过人，其实现的途径就是多样的。以往的接受式学习，学生关注的是某一动作的流程、标准和要求，而不是关注问题本身。很难让他们举一反三，这对于培养和发展学生的创新精神和创造能力是极为不利的，通过反思，则把学习的主动权留给学生，他们自主、能动、创新地进行学习。反思活动可以让活动主体以自身与具体情境为尺度，体察、校验所从事的活动，对活动的取向、方式、进程等做出应然性的判断。首先，它可以使学生在活动中摆脱权威与习惯的束缚，能对运动的结果与过程做出开放性选择。其次，它可以使学生增强对活动的观察与分析能力，品味运动的个人意义。可以说，反思活动是体育运动技术创新的不竭源泉。

（二）体育课程中的"反思缺失"现象

反思本身也是一种活动，是一种在头脑中运行的活动，只不过在形态上是内隐的、无形的。所以尽管反思活动在体育教学中有较高的价值，却经常容易被忽视。审视目前的体育教学实践，反思缺失主要表现在目的性反思缺失、过程性反思缺失、手段性反思缺失和结果性反思缺失四个方面。

1. 体育教学的目的性反思缺失

这主要是指在体育教学的目的取向上只关注活动的外显状态，热衷于学生活动的数量、类型、频率、组织方式，强调运动的密度、活动对学生的吸引力、运动的经历等，不关心学生在运动中的思考成分，不注重为学生提供思考的空间与机会，致使学生在运动中不能对活动本身进行反省，不能自觉反思运动对个人健康的发展价值。在这种情形下，运动制约、统领着学生，学生在形式上是运动的主体，但实质上却被动地受运动所牵制。

2. 体育教学的过程性反思缺失

这主要表现在体育教学的设计和实施中。从现有的体育教学设计来看主要是严格围绕着运动参与和运动技能的传递与获取来进行的，体育教师为了更有效地促进学生的运动参与和运动技能的学习，精心安排好各种相关活动，使教学的每一个环节都被预先制定好，教学的步调是严密控制的。在教学实施中，学生可以不加思考地按照设置的步调模仿教师的动作进行，只要认真模仿就能很好地掌握有关的动作技能，学生的全部精力就放在了如何实现这个目的的技术问题上，至于为什么要用这种技术，是不是有更好的技术与战术等需要反思来解决的问题就经常被忽略了。

3. 体育教学的手段性反思缺失

这主要表现为以下三种情况：第一，运动节奏过于紧凑，缺乏反思时间。在体育课的教学进行当中，由于受既定内容和相关设计的限制，学生时常处于"完成任务"和"跟上节奏"的状态中，很少有时间进行回味、揣摩，经常是在整个活动结束后，才进入反思总结阶段。而从生理上讲，反思应该是即时性、始终伴随活动的进行而展开，否则会丢掉很多有价值的反思机会。第二，注重外显方式的改进，忽视内隐方式的提高。学生在运动技能学习中发生错误时，体育教师往往以"应该怎样做"来指导学生，而很少与学生探讨"为什么应该这么做"。只教技术不教技术背后的方法论，难以使学生形成反思的习惯。第三，学生间的交流缺乏思想的碰撞。在体育教学中，师生的视角多集中在技术优劣、速度的快慢对比上，致使学生交流仅停留在现象层面上。

4. 体育教学的结果性反思缺失

这主要是指由于体育教学在目的、过程和手段上缺乏反思成分，也就使体育教学的结果缺少了理性思考的内容，这主要体现在体育教学结果评价上，结果考察的是学生对运动参与程度、运动技能的掌握程度，而不会把学生的反思状况、学生的创新作为一种评判标准。

上述的四种反思缺失在体育教学实践中产生了一系列的不良影响，直接关系到素质教育的落实，主要表现在：第一，学生主体无法得到落实。体育教学中由于反思的缺失，使学生不会审查活动的内在合理性，学生活动的内容与方法只有交由教师控制。这样，学生在体育教学中很容易处于客体地位。第二，活动结果缺乏可持续性。一项教学内容结束后，学生所获得的收获应该包括两个方面：一是可见的物化收获，二是无形的精神与方法的收获。相比较而言后者的意义更大，这将为学生进行体育锻炼与个人发展积蓄养料，为终身体育锻炼获得可持续的收获。第三，容易造成活动泛化现象。现行体育课的内容是丰富多彩的，但活动的范例性不高，没能使所设的活动具有举一反三的功效。其结果是体育运动的项目多如牛毛，学生和教师疲于应付。究其原因，在于没有让学生通过理性思考来洞察运动的内在价值、把握运动的精髓，没能使学生真正掌握几项运动，不能自觉地参与、体验运动的魅力与价值。

### （三）补偿"反思缺失"的方法论原则

通过以上分析可以发现，在体育教学中让学生进行适当的反思是体育教学发展的必然选择。为此应在体育教学实践中坚持以下方法论原则。

#### 1. 体育教学中要渗透反思

传统的体育教学过分强调运动技术的系统性，强调接受学习、机械训练。在这种教学背景下产生的教学方法，弊端之一是只注重教师传授知识与技能的方法；弊端之二是太过注重师道尊严，缺乏教学民主。体育新的课程标准关注学生的个体差异与需求；倡导学生主动参与、乐于探究、勇于实践。因此，体育教师在教学中既要善于启发、诱导、帮助学生主动、积极、创造性地学习，又要努力营造民主的教学氛围，鼓励学生的质疑精神和求异思维。从实践来看，体育教学可广泛采用模拟学习、迁移学习、归纳学习、探究学习、建构学习等方式促进学生反思活动的开展。

#### 2. 体育教学内容由反思活动统摄

体育课程的教育价值可以表现在对知识的理解性掌握、技能的提高、实践能力的增强、积极态度的养成等许多方面，但更为重要的是学生自觉锻炼意识的增强。反思一方面可以统摄其他方面的显在的教育价值，使这些价值自觉地、更完整地统一于学生个体身上，使这些价值更好地内化；另一方面反思可以使学生有机会创造性地理解运动的内在意义，并使之与自己独特的精神世界相联系，创造出新的属于自己的教育价值。因此，在运动的定位上，要超越现有的着眼于某项技能的提高，服务于某种知识的传授，立足于可见的、短期性、实用性、工具性的取向，以体现学会求知、学会健体、学会共处、学会生存及终身体育的价值取向。

3. 运动过程即是反思过程

从价值角度来看，活动过程也是体育课程价值的现实化过程，是使体育课程价值从潜在到显在、从应然状态到实然状态。在非活动性课程中，课程价值在一定程度上可以通过授受的方式实现。与之相比，体育课程价值的现实化过程的特点之一就是价值的不可传授性。只有在活动中，学生才能体验、领悟和内化这些价值。由此，活动层次的高低就直接决定了体育课程教育价值的实现程度。把活动过程定位在反思这一层面上，就是要提高活动的品质，增加外显活动背后的理性成分，使学生随着活动的展开，反思的含量和境界不断获得提高。

这样可以避免体育课程的教育价值在浅层次、短期效应上徘徊，从而增强其深刻性和长效性。贯彻"活动过程即是反思过程"这一原则要注意两个方面：一是要避免活动中的"灌输"现象，即将大量活动充斥于一个单位时间，力图在一个时间里输入全部的教育价值，不给学生品味、咀嚼和创新的机会；二是在活动中要不断地布置反思的任务，并教会学生反思的方法。

4. 体育教学设计预留反思空间

体育教师在教学设计时关注的焦点往往是计划的完整性、内容的充实性、环节的严密性、节奏的紧凑性等。当这样的教学实施时，往往会出现活动控制人、活动驱使人的现象，学生没有思考的余地。预留反思空间是指在教学设计中要适当"留白"，无须以细致完整的内容填充整个教学过程，而是通过提供开放性问题、设置悬念、给定条件的不完整、结果的不确定性、方法的不唯一性等手段，留给学生自由施展的空间。体育教学设计预留反思空间的实质内涵，在于倡导活动设计的弹性化，即在既定的活动方略之下，通过学生的自觉反省和理论思辨，在各自可能的范围内，扩展活动的范围与深度，切实增强体育课程的实际教育价值。

# 第三节  体育教师教育专业化发展的实现

体育教师专业化和体育教师教育专业化是知识社会和教育发展到一定阶段的必然结果，体育教师专业化必然要求体育教师教育专业化。所谓体育教师教育专业化就是一个非专业的体育教师经过有组织的、专门的、系列化的培养和培训，成为专业的体育教师的过程。其基本功能和目的在于改善和提高体育教师的专业水平，在满足体育教师具备体育专业知识的前提下，推动体育教师向较高的专业素质方向发展，向"具有较高深和独特的专门知识和技术"、外行人无法替代的专业化境界靠拢。

## 一、重构体育教师教育体系，走体育教师教育专业化之路

体育教师教育专业化是以完善的、规范的体育教师教育体系为前提的。然而，到目前为止，我国体育教师教育主要还是由两大系统构成：体育教师的职前教育系统和职后培训系统。体育教师的职前教育系统主要是由体育专业院校和各级各类师范院校的体育院系所承担，职后的体育教师培训系统主要由各级各类的省属教育学院和教师进修学校承担。这一体育教师教育体系为我国中小学体育教育培养了数以万计的较高素质的体育教师，在某种程度上，基本满足了基础教育中体育教育的需要。但是，这样一种封闭的、终结式的职前体育教师教育体系和不完善、欠规范的体育教师在职培训体系，其中的很多缺陷成为我国体育教师教育专业化进程中的主要障碍。我国的体育教师教育还停留在职前教育和职后培训相分离的传统模式上，并且重职前培养，轻职后培训，无法适应体育教师教育专业化的连续性、一体化、终身化原则的要求。体育教师职前培养与职后培训的机构设置缺乏整合。我国体育教师教育在机构设置的初始状态就是分离的，体育教师职前培养与职后培训各自为政。目前，虽然基本实现了三级师范（师范大学或学院、师范专科学校、中等师范学校）向二级师范（师范大学、师范专科学校）的过渡，提高了体育教师的教育层次。但是，这种体育教师教育仍然处于封闭或半封闭的状态，只是承担着体育教师的职前培养任务。师范生毕业后，进入体育教师工作岗位，如果要求提高学历或是要求提高科研能力或其他时，就进入教育学院或教师进修学校学习进修，至于两者之间的体育教师入职教育阶段则常常被忽略。不仅如此，体育教师职前培养和职后培训的培养目标、教育内容、课程设置、教学方法，或者重复雷同，或者相互脱节，缺乏整合。体育教师教育要以体育教师专业化为目标，保持连续性和一体化原则，建立开放的、一体化的体育教师教育体系，走体育教师教育专业化的发展道路。所谓一体化的体育教师教育，即是为了适应学习化社会的需要，以终身学习与终身教育思想为指导，根据体育教师专业发展的理论，对体育教师职前、入职和在职教育进行全程的规划设计，把基础教育体育师资的培养和在职体育教师的培训渠道打通、融合，建立起体育教师教育各个阶段相互衔接的，既各有侧重，又有内在联系的体育教师教育体系。一体化实现了体育教师教育过程的连续、形式的统一、阶段的衔接、内涵的扩大和功能的完善。第一，以体育教师教育的概念替代和发展师范教育的概念，形成现代体育教师教育的新观念。第二，打破条块分割的师范教育管理体制，建

立统一协调的领导体制，形成上下结合、内外融通的体育教师教育网络。第三，突破体育教师职前培养与在职培训割裂、本科教育与研究生教育互不衔接、不同教育机构不相往来的教育模式，建立职前与在职教育、本科教育与研究生教育相互贯通的教师培养培训机构。第四，统一规划和设计体育教师教育内容，即把职前体育教师培养、新任体育教师入职辅导和在职提高这几个阶段的体育教师教育作为一个完整的过程通盘考虑，确定培养目标，选择教育内容，设置课程结构、培养途径与教学方法等。第五，在统一规划下，重新调整和组合原来分别承担职前培养和在职培训不同任务、相互分割、互不联系的师资力量，建立一支职前、在职既有侧重，又有合作，相互融通合一的体育教师教育的师资队伍。

## 二、改革体育教师教育的课程模式，顺应体育教师专业发展

第一，体育教师教育课程改革必须树立体育教师专业的课程观，建构突出专业性的课程体系。在巩固体育专业知识与技能课程的同时，要把教育科学课程列入体育教师教育专业课程，赋予其与体育专业课程同等重要的地位。同时增加教育科学课程门类，开设培养师范生教育教学技能的课程，如教学设计、教学测量与评价、现代教育技术等。

第二，体育教师教育课程建设应以连续性与发展性为原则，加强体育教师教育的职前课程与职后课程的统一与整合，避免职前与职后课程的重复，突出体育教师专业的发展性，使师范生成为一个拥有教学工作能力和先进教育理念的教育者，具有可持续发展能力和动机的学习者，能进行课程开发与创新的研究者。

第三，要顺应基础教育课程改革的需要，突出体育教师教育课程的综合性。在体育教师教育课程改革过程中要打破学科壁垒，实现人文、科学与教育理论学科间的课程综合，或者在体育专业的学科内部，开设一定的综合性的选修课，实现体育专业学科内的课程综合化。此外，还可以结合教育实践和其他实践活动，为师范生打造宽厚的知识基础和实践基础，培养其知识整合能力和综合实践能力，使师范生形成明显的体育教师专业优势和专业地位。

第四，我国体育教师教育的课程改革要充分考虑体育教师教育的不同层次，提高体育教师教育课程的适应性。我国现有的体育教师培养是以独立定向的体育教师教育院校为主体的，在不改变独立定向性质的情况下，通过增加教育学科课程的门类和改善这些课程的质量可以提高体育教师的专业化水平。但这种课程模式的发展空间不大，所增加的课时不可能满足体育教师专业化的要求。为此，可以结合国家级体育教师教育基地的建设，改革体育教师教育的课程模式。其构想可以是由国家规定体育教师教育专业本科和硕士的基本

课程门类、学时和学分、毕业标准，由设立了国家级体育教师教育基地院校的各专业院系为准备当体育教师的学生提供一般文化课程和体育专业课程，再由体育教师教育基地为其提供专门的教育学科课程，为毕业生授予教育学士学位或教育硕士学位。

## 三、加强教育理论与专业实践的结合，实现体育专业与教育专业的同步提升

体育教师职业具有"双专业"的性质，一是体育学科专业，二是教育专业，体育教师专业的表现领域是体育教学。因此，专业化的体育教师，不仅要有深厚的体育学科的专业知识，还要通晓教育学科知识，了解教育规律，掌握教学技能。但是，目前我国的体育教师教育的专业体系还没有真正建立起来，与体育教师教育专业化的要求还有一定的距离。具体表现如下：第一，体育教师的职前教育偏重体育学科的教学及其改革，对教育理论的教学及其改革重视不够。自从有了师范院校的体育院系，其都把体育学科作为第一专业，在课程设置、学时分配时都对体育学科有所倾斜，尤其体育专业院校更是如此。这从西安体育学院和武汉体育学院的体育教育专业的本科教学中可以得到充分的证明。两个学校的体育教育专业只有教育学一门课（54学时），如果把公共课的应用写作（54学时）、计算机基础（72学时）和专业基础课的运动心理学（54学时）及专业限制选修课的体育教学法（36学时）都算作教育学课程的话，那么，教育学课程也仅占整个体育教育专业课程学时总数（2780学时）的9.7%。这样培养出来的学生怎么能适应中学的体育教学工作呢？第二，在体育教师的培养过程中，各阶段的理论教学脱离实际。通常情况下，师范生处在封闭半封闭的状态，教学实习为6～10周，平均为8.5周。除此之外，一般情况下不与中小学联系，脱离体育教育的实践场所，学生对中小学的体育教学实践缺乏了解。因此，在师范生学习阶段习得的专业理论知识，很难在专业实践中转化为专业技能。

加强教育理论与体育专业实践的结合，首先，要与中小学建立一种密切的合作关系。只有加强大学与中小学的联系，把中小学作为实习的基地，才能真正找到教育理论和专业实践的结合点；也只有师范生到中小学去，才能真正理解体育教师职业的专业内涵，才能找到自己与专业水准的差距。与此同时，作为师范生的培养者，才能从中小学的体育教育实践中，把握体育教师专业教育的基点，更好地培养具专业水准的体育教师。其次，延长教育实习的时间。教育实习的时间一般不应少于20周，安排教学观摩、见习、实习、教育调查研究等多种形式的活动，并使它们贯穿在三年或四年的教育过程中，同时引入案例教学法，提高教育实践课的综合教育效果。只有这样，才能真正提高体育教师的专业适应性，真正为其专业发展奠定良好的专业基础。最后，通过学士后的教师专业学位教育，实现教育理论与体育专业实践的真正结合。可借鉴"学科教育+教育专业教育"的模式，需

要强调的是：不管采用什么样的模式，无论是在体育教师培养的哪个阶段，最主要的是要和教育实践紧密结合，要设法帮助学生在教学实践中不断完善自己的知识体系。

## 四、加强职业理想和职业伦理教育，强化服务于社会的专业理念

体育教师教育过程中常常被忽略的是体育教师的职业道德培养和体育教师的人格塑造，"学高为师，身正为范"，这是对教师，也是对体育教师专业特征的高度概括，更是对体育教师人格塑造的基本要求。一位称职的体育教师对学生的影响是全方位的，他不仅要精通体育专业的知识和技能，而且还要具备体育教师职业的道德水准，形成现代体育教师的职业人格。然而，体育教师职业道德的培养，却是我国现阶段体育教师教育的薄弱环节，从而出现了体育教育专业毕业的学生不愿意从事体育教师职业，不安心体育教学工作的尴尬局面。

专业化体育教师的前提条件就是要具备较高的职业道德素养，同时具有为体育教师工作奋斗终生的专业理想。作为专业化体育教师，专业知识和技术基础等教学的认知和技术侧面固然重要，但必须超越自己执教的课堂和学校，必须对自己工作的道德和社会目的或使命及所持价值观保持清醒的认识，树立服务于社会的专业理念。不仅如此，专业化体育教师对自己的终身专业发展负责的思想也是至关重要的。这里至少包含两个方面的含义：体育教师必须坚持不断地学习，坚持不断地教学；体育教师的终身学习或专业发展必须是自主的。因此，体育教师教育要培养学生自觉地遵守体育教师的道德行为规范，把教育对象的利益置于个人利益之上，把教育工作当成一种事业和崇高的理想追求，使体育教师真正做到"学高为师，身正为范"，服务社会，无私奉献。

## 五、增强专业自主，完善体育教师资格准入制度

我国现阶段的体育教师教育还满足不了体育教师的教学自主和专业自治的要求。体育教师拥有专业自主权是专业化的一项重要指标。然而，长期以来，我国体育教师教育观念落后、教学方法单一、专业课程教材陈旧、培养的体育教师整齐划一，体现不出体育教师的个性化，把选择体育教学内容、教学程序、教学方法的权利都转移到教材编制者手上，结果导致体育教师只是体育教学构思的执行者，成为一位名副其实的"教书匠"。

按照《教师法》的规定，实施教师资格制度是体育教师专业化的必备条件。教师资格制度是国家对体育教师实行的一种法定的职业许可制度；教师资格是国家对准备进入体育教师队伍，从事教育教学工作人员的基本要求；教师资格制度规定了从事体育教师职业必须具备的基本条件。国家实行教师资格制度后，只有具备体育教师资格、持有国家颁发的

体育教师资格证书的人，才能被聘任为体育教师并担任体育教师工作。也就是说，资格证书与学历证书并行，互不替代。学历教育从某种程度上只是解决教师任职的知识基础问题，没有解决体育教师任职的专业基础问题，建立资格证书制度是解决这个问题的迫切要求。依法实施教师资格制度有利于体现体育教师的职业特点，使体育教师地位和队伍素质形成良性循环；有利于把住"入口关"，解决不合格体育教师问题，优化体育教师队伍，提高体育教师队伍整体素质；有利于形成开放式体育教师培养体系；有利于推动体育教师人事制度改革；有利于体育教师教育专业化。

# 思考与练习

1. 简述现代体育教师的培训观。
2. 体育教师教学模式的反思方法有哪些？如何反思？
3. 体育教师教育专业化发展的实现路径有哪些？

# 第六章  体育教师教学专业发展的创新

## 第一节  "阳光体育运动"背景下的新要求

增强青少年体质，促进青少年健康成长，是关系到国家和民族未来的大事。2007 年 4 月 29 日，教育部、国家体育总局、共青团中央全面启动了"全国亿万青少年学生阳光体育运动"，要求各级教育行政部门、体育行政部门、共青团组织和各级各类学校把开展阳光体育运动作为全面推进素质教育的重要突破口。这项活动充分体现了党中央、国务院对广大青少年身心健康的高度重视，是站在全局和战略高度做出的一项重要决策，对增强全民族体质，培养中国特色社会主义事业的合格建设者和接班人，具有重要而深远的意义。面对"阳光体育运动"所提出的新要求，体育教学在新的形势下如何进一步提高学生健康素质，养成学生良好的健身习惯是我国体育教师所面临的迫切任务。

### 一、"阳光体育运动"是当前时代的新要求

#### （一）落实"阳光体育运动"是素质教育观的体现

随着学校体育教学改革的推进，大部分学校都采用了"选项课"或"体育俱乐部"等教学形式，在一定程度上提高了学生上体育课的兴趣。但现行学校体育教学还主要是以学科中心课程理论为基础，知识和技能传习还是课程学习的主要特征，学习经验、学习能力和行为习惯的改变等是素质教育中十分重要的因素，在现行学校体育教学中未能得到很好的体现。现代教育思想与素质教育观念认为，学会学习比学会知识更重要。通过有效的教学手段，培养学生的兴趣、爱好，慢慢使学生养成终身参加体育锻炼的习惯。为此，在落实"阳光体育运动"的背景下要教会学生如何健体与健心，并根据不同年龄段、自身的生活状况及所处的生存环境，自主地选择适合自己又力所能及的一些体育锻炼手段来进行

科学、有效的锻炼或娱乐。让经常性地参与体育运动成为自己今后的一种健康的生活方式，并形成积极进取、乐观开朗的生活态度。现代社会各方面都在不断进步，对人才的要求也越来越高，竞争可以说无处不在，而且日趋激烈。一个人要想在当今社会能更好地生存下去，首先，得有一个强健的体魄。想拥有强健的体魄则需要养成健康的生活习惯和良好的锻炼习惯，这样才能在这个充满竞争的社会里更好地生存下去。为此在体育课堂教学中得让学生明白，一个强健的体魄对于自身的生存是多么重要，同时也引导、教会学生怎样在不同的社会生活环境、自然环境（特别是艰苦的环境）中独立生存下去。其次，要善于与人交往。交际是人生的一门艺术，当今社会不懂得交际或不会交际，乃是人生一大缺陷。由于体育课的特点决定了人与人之间有了更多的接触与交流的机会，一些集体活动如篮球比赛、足球比赛等，还有一些趣味性的游戏都需要同学们团结协作、相互配合才能取得满意的效果。在这一过程中，无不需要与人相处、友好交往。因此，教师此时要积极引导学生在学习与活动中学会与其他同学交往，让他们之间建立融洽的人际关系和良好的同窗友谊，这对他们今后的发展是有很大好处的。

（二）转变教育观念是落实"阳光体育运动"的前提

广大青少年身心健康、体魄强健、意志坚强、充满活力，是一个民族旺盛生命力的体现，是社会文明进步的标志。"阳光体育运动"以全面实施《国家学生体质健康标准》为基础，鼓励学生走向操场、走进大自然、走到阳光下，积极参加各类体育活动，使广大青少年形成良好的体育锻炼习惯，切实提高体质健康水平，让"每天锻炼1小时，健康工作50年，幸福生活一辈子"的口号深入人心。高校体育教学的目的就是使学生变得更健康，而每周有限的几节体育课，往往不能满足增强体质，增进健康的目的。从古到今，人们在与疾病做斗争中发现，体育运动是保持人体机能、体能处于最佳状态的有效手段。而通过体育锻炼来增进健康则是一个持之以恒的过程、是一个循序渐进的过程，想短时间取得好的效果是不太可能的，因为人体机能变化是有一定规律的。由于现在的学生学习任务繁重，既是一场智力的角逐，同时也是一场体力的较量，没有一个健康的身体，将很难坚持到最后，并取得胜利。为此，在体育教学中应该着眼于怎样通过一些教学方法来激发与调动学生体育锻炼的兴趣和热情，逐步培养他们的爱好和自觉参加体育锻炼的习惯，使他们在运动中体验到其中的乐趣，品尝到成功的滋味，找到真正的自我，慢慢地让体育运动成为他们生活中不可缺少的一部分，伴随他们的一生。在传统的体育课堂教学中要求学生掌握体育的基础知识、基本技术和基本技能，这种观念在一定时期内的教育教学实践中取得了好的效果，对学校体育工作开展、学生体质的增强做出了应有的贡献。但随着时代的进步，面对21世纪教育的发展趋势和现代社会对人才的要求，原有的教育教学观念已经不合乎时代的要求，不够全面，不够科学。现代社会要求我们培养出来的人才应具备强健的身体、良好的心理素质、良好的人际关系协调能力及丰富的科学文化知识。只有具备了以上几点才有可能在当今这个处处充满竞争的环境下生活得更好，并为社会做出更大的贡献。因此，体育教学要更好地落实"阳光体育运动"，应时刻将增进学生各方面的健康贯穿于课程实施的全过程，确保"健康第一"的思想落到实处，使学生健康成长。

### （三）完善学校体育教学评价机制是落实"阳光体育运动"的关键

体育评价是为体育教学目的服务的，根据"阳光体育运动"的要求及健康第一、终身体育的指导思想，建立科学而合理的多维评价体系，从学生的学习态度、成绩进步幅度、应用技术和技能的能力等多方面加以评价，最大限度地激学生锻炼的动力，从而实现学生终身体育意识的形成和健康素质的发展。健康的概念是指不但没有身体缺陷和疾患，还要有完整的生理、心理状态和社会适应能力。既然落实"阳光体育运动"就是追求学生健康状况的发展，体育课的"考试"就应转变为阶段性的健康检测，变成一种对过去阶段的总结和新阶段健康水平的目标与计划的确定。"考试"的观念、内容及方式方法由此会产生迥异于之前的变化。学生也会由"被考"转变为"考自己""自己考"。教师的"主考"角色也转化为"辅考"。试卷就是学生自身的健康实践——"我的健商水平与体育锻炼成效"，即以"健商测评"为主，辅之以体能测试、技能测试等，探索考评方式方法的改革，引导学生以自我测试、相互评价等方式参与体育课成绩考评。具体做法为：学生在教师的指导下，在大学生活的不同阶段，设定健康目标，制订健康计划（运动处方），在计划的执行过程中，按时检测自己的健康状况，调整目标和计划。由此便产生一种全新模式的"学习"、全新模式的"考试"，一种开卷的又完全没可能也不需要作弊的考试。

### （四）以学生为本是学校体育落实"阳光体育运动"的核心

学校体育就是全体学生的体育，享受身体方面的教育，是每一个在校学生的权利，是不能被剥夺或侵犯的。也就是说，能不能保证为全体学生服务，实则是一个关系到学校体育能否落实"阳光体育运动"的大是大非问题。因此，为少数、为多数还是为全体学生服务的问题就成为学校体育改革发展中理论上和实际操作上一个根本性的问题。基于这种认识，学校体育教育，无论是体育课还是课外体育活动，都应当给所有学生提供同等参与活动的机会与指导，即使课余体育活动、课余训练与比赛也不应例外。落实"阳光体育运动"的体育教学改革，首先，要以学生发展为中心，重视学生的主体地位。在构建课程体系的时候，要特别关注学生全面发展的需要和健康的情感体验是否得到满足；教师在组织体育教学活动的全过程中，要特别关注学生在学习活动中的主体地位是否得到充分体现，学生主动、全面发展的教学理念是否真正落到实处。其次，要激发运动兴趣，培养学生终身体育的意识。兴趣是学习的初始动机，也是有效学习的保证。只有激发和保持学生的运动兴趣，才能使学生自觉、自主、积极地进行体育课程的学习。在体育教学实施中，从教学内容的选择到教学方法的安排，都要十分关注学生的运动兴趣、健康意识、锻炼习惯和卫生习惯的养成等，这也是实现体育课程目标，落实"阳光体育运动"的有效保证。

## 二、体育教师有效实现"阳光体育运动"的策略

针对我国青少年身体素质整体下滑的现实，教育部、团中央、国家体育总局早在2007年年初就启动了"阳光体育运动"，"阳光体育运动"是新时期加强青少年体育意识、增强青少年体质的战略举措。但根据2011年公布的国民体质监测数据显示，青少年体质状况并未得到有效改善，我国青少年体能素质持续下降，近视率居高不下，青少年锻炼行为的养成率和巩固率依旧很低，特别是大学生身体素质25年来持续下降。与1985年相比，大学生肺活量下降近10%；大学女生800米跑，男生1000米跑成绩分别下降10.3%和10.9%。如何有效提升"阳光体育运动"的实施效果，切实改善青少年体质健康，是广大体育工作者需要解决的现实问题。本书以自我决定理论为研究基础，尝试对"阳光体育运动"的有效实施进行相关探析。

### （一）"阳光体育运动"有效实施的影响因素分析

"阳光体育运动"是否有效实施，关键看它的"实效性"。所谓"实效性"，是指完成策划的活动和达到策划结果的程度，一般指的是一个因素的存在状态对另一个因素的存在状态或促进、或阻碍的实际作用效果。"阳光体育运动"实效性即是指"阳光体育运动"状态对青少年的体质健康水平的实际促进作用，如果"阳光体育运动"状态对改善青少年的体质健康水平产生了积极的推动作用，我们就说"阳光体育运动"具有了实效性，反之则说"阳光体育运动"没有产生实效性。我们知道，外因是需要内因来起作用的，如果作为主体的青少年的个人自觉意识没有被调动起来，意识不到"阳光体育运动"对健康生活的促进、意识不到参与体育运动的重要性，那么即使是外界的支持再完备，也是很难达到增强青少年体质的目的的。

在人们的任何一种社会行为中，只要存在着需求，就会存在着为此而产生的付出，也就必然存在着付出与获得之间的对应关系，存在着满足需求的程度和状态，存在着效果分

析和价值诉求。"阳光体育运动"实效性的体现，必须建立在对"阳光体育运动"结构诸要素内在和谐统一的前提下，要充分符合结构质变规律的要求。结构质变规律的基本含义在于，系统结构的性质是由要素的质量、数量和其连接、组合方式（序量）等因素所决定的。这些因素中有一个因素发生变化，其结构性质就会发生变化。因此，在衡量"阳光体育运动"实效性时，应该坚持社会维度与个体维度价值取向两者相统一的方法。一者是社会维度取向，即社会对新生代的客观需求，也即对"阳光体育运动"的落实与促进；另一者是个体维度取向，即关注受教育者身心成长的主观需求。我们认为，在评价"阳光体育运动"实效性时，不仅要从我国青少年体质健康整体进步和发展的角度来衡量，更要从青少年个体对此项活动的态度和感受角度来衡量。

因此，阳光体育推广在关注阳光体育运动的保障机制、建立学校与家庭支持的协调机制、营造"阳光体育运动"的良好环境、改变体育考试评价制度等促进阳光体育开展的外部条件时，还应关注青少年对阳光体育的态度、需求和感受，即关注受教育者身心成长的主观需求。"阳光体育运动"不是对青少年身体的简单改造，而是要让青少年对体质健康在人的生存与生活方面所具有的特殊意义产生积极的价值认同，并内化为健康的生活方式。

### （二）"阳光体育运动"有效实施的动力机制

内因是事物发展的根本动力。国内外的体育研究者已越来越注意到依靠外力向青少年灌输知识、传授技能、组织锻炼，尽管可以收到一定和一时的效果，但却很难持久。只有让广大青少年感到并非从外部强加，而是自身发展的内部需要，通过兴趣及需要"内化"成为青少年的自觉行为，才能实现"阳光体育运动"推广的目标。

任何一种教育活动本身都是教化和内化的统一。教化是一种外力，内化是本体对外力的承接、消化、吸收并形成自身价值体系和行为方式的过程。内化是一个过程，对青少年体质健康教育而言，"阳光体育运动"的内化是终其一生的过程。"阳光体育运动"强调的是对青少年健康体质的改造，若单从抽象知识、专门技能和即时效果来看，这种模式也许是非常有效的。但从自觉意识、行为习惯和长期效果来看，这种模式就显得十分局促，因为青少年的体质健康总体上是一种对环境的依赖、适应和利用的关系，关键是主体的自觉，而不是靠抽象知识、专门技能和即时效果就能奏效的。

1. "阳光体育运动"价值观内化的发生条件

自我决定理论是由美国心理学家德西（E. Deci）和瑞恩（R. Ryan）等在 20 世纪 80年代提出的一种关于人类自我决定行为的动机过程理论。自我决定就是一种关于经验选择的潜能，是在充分认识个人需要和环境信息的基础上，个体对行动所做出的自由选择。自我决定的潜能可以引导人们从事感兴趣的、有益于能力发展的行为，这种对自我决定的追求就构成了人类行为的内部动机。

自我决定理论认为人是积极的有机体，具有先天的心理成长和发展的潜能。自我决定的潜能可以引导人们从事感兴趣的、有益于能力发展的行为倾向，对自我决定的追求就构成了人类行为的内在动机，从而实现与社会环境的灵活适应。其中，提供合理理由、承认参与者的感受、自我决定理论的自主支持是促进"阳光体育运动"价值观内化的三个重要条件。

第一个条件是提供合理理由。根据现有的锻炼动机研究可以得知，给青少年体育锻炼的理由本身增加重要性和选择感，理由与促进自主支持条件相联时能促进青少年从事"阳光体育运动"的自我决定和参与。例如，告知阳光体育活动的意义有可能促使青少年意识到这项活动的重要性和价值，但同时现有研究也发现要想帮助青少年把外部提供的理由吸收为他自己的，不仅仅需要活动意义的衔接，而且还需要存在自主支持的促进条件。自主支持条件下的有意义理由可以促使外在动机内化的发生。提供一个合理理由对于实现目标是有意义的，内化是一个前摄的主动的过程，能帮助他理解对个人有用的活动自我调节的原因。例如，如果一个青少年不喜欢体育，但看重学习成绩。一个有意义的合理理由可能是"你拿半个小时锻炼身体，会对你学习成绩的提高有更大的帮助"，要求个体去做一个没有内在动机的活动，给出一个有意义的合理理由能对个体的倾向性产生一种内在的冲击，像前面所提到的理由就会对一个平时不喜欢体育锻炼但看重学习成绩的同学产生冲击，可能让他试着改变并发现体育运动的价值，最终养成参与"阳光体育运动"的自觉性。

第二个条件是承认参与者的感受，也就是对活动要求和个人倾向性之间表面冲突的承认，传达对个体选择倾向性和权利的尊重。因此，它能帮助缓和冲突并允许个体去理解被要求的行为能与他的倾向性和平共处，然后这种调节能被整合。例如，"阳光体育"冬季长跑活动的开展，对不爱长跑的青少年承认"这种活动可能让你不愉快"。

第三个条件是自我决定理论的自主支持，通过促进整合内化方式认为合理性与承认是必要的。调查发现如果对青少年参加"阳光体育运动"的要求表达上使用"应该""必须""务必"等字样，那么功能的重要性将被控制，内化和整合都将被削弱。然而，如果它不是压力状态下的，而是允许个人感觉关于活动的选择，进行可能表达自主支持的交流，那么就能促进其对"阳光体育运动"开展的认同，实现体质健康价值观的内化和整合。

2. "阳光体育运动"价值观内化的发生因素

青少年接受"阳光体育运动"的过程是一个价值内化的过程，一个行为养成的过程，这个过程是在社会大环境中实现的。对青少年进行体质健康教育，将会受到来自政府、学校、家庭、社区和传媒等多种因素的影响。外在动机的内化体现了个体的社会化过程，也就是说，个体在特定的时代背景下，起初由外部激励所控制的行为由于受到重要他人的推崇，与这种行为有关的态度或信念将逐渐成为个体自我的组成部分。这是人们主动内化有助于实现自我决定需要的价值信念或调节方式，使自己的行为由他律走向自律的过程。

我们在调查中发现，对于青少年而言，校园和家庭是他们的主要生活场所。因此，来自教师、父母和同伴等重要他人的影响是他们接受"阳光体育运动"的主要因素，这些社会关系不仅为青少年提供关于自我、他人的期望与价值观及解决具体问题的原则与规范等各种社会性信息，而且为青少年提供有利于认同或内化这些社会性信息的外部条件，其中包括来自不同重要他人的物质与精神的社会支持。对于青少年而言，首先，"阳光体育运动"内化的过程教师具有最重要的作用。青少年的多数时间是在学校度过的，因而与青少年的其他重要他人相比，教师有更多的机会向青少年传递包括体育价值观、对青少年成就的期望、对青少年体育锻炼行为的认可与鼓励等内在的各种信息，这些信息一旦得到强化，成为青少年自我的有机组成部分，就会形成一种激励青少年自觉自愿地从事体育活动的动机力量，热爱体育锻炼的自主性就会随之提高。其次，父母对他们从事体育活动的信任、尊重和关心所产生的归属感也使青少年更愿意接受来自相应支持源的信息与信念。最后，同伴的作用也对青少年体育兴趣养成与促进有较大影响。

3. "阳光体育运动"价值观内化的发生过程及特点

自我决定理论将动机内化程度划分为 4 种水平，分别以 4 种调节方式即外部调节、内摄性调节、认同性调节与整合性调节来表示。外部调节体现了一种基本上没有内化的、主要受外部因素控制的行为动机；内摄性调节表示个体虽然通过自我调节从事某种行为，但并没有把相关观念整合为自我的一部分，在这一水平的学习动机支配下的行为是一种自我控制的行为；认同性调节是指个体认可了某种行为对自身的重要性，在此基础上调节自己的行为，体现了一种较高内化程度的动机；整合性动机是指把认同性动机与自我的其他方面加以整合，体现了一种高度内化的学习动机。

外部调节和内摄性调节是具有较多控制性的外部动机形式，在调查中我们发现，对于青少年而言，与这两种调节相对应的学习行为是非真正选择的行为，即控制-决定行为。这类行为满足的不是对体育价值的认知或对体育活动的直接需要，而是对体育活动价值的被动接受。而认同性调节和整合性调节才是更具自主性的外部动机形式，它使青少年在更大程度上把自己的体育锻炼行为知觉转化为自我决定的或自愿的，而不是受他人奖赏或内心力量控制的。自我决定论认为，由内部动机激发的行为是自我决定行为；外部动机的内化水平越高，或与自我整合的程度越高，由外部动机引发的行为就越倾向于自我决定。

### （三）"阳光体育运动"有效实施的策略

如前所述，"阳光体育运动"实施的效果关键是个体要能将阳光体育运动等外在要求内化为自身的认同经验与自我调节的一种积极、主动的锻炼过程。因此，阳光体育有效实施的重点是提升青少年的锻炼动机需求，它具有始发、指向、选择及强化的作用，从而能有效地引起并维持青少年参与"阳光体育运动"。

#### 1. 价值取向策略

当学生锻炼身体的目的明确后，就会自觉树立目标，身体力行通过活动体验锻炼身体效益的不断反馈，由于体育情感与练习的有力支持，坚持参加身体锻炼的行为越发自觉和积极。认识—情趣—行为，周而复始，循环往复，占据中间环节的情趣，自然随之同步而高升。因此，要加强宣传，广泛传播"健康第一"的思想和健康理念，使"每天锻炼1小时，健康工作50年，幸福生活一辈子"的理念深入人心，唤起广大青少年对健康的关注，引导广大青少年自觉走向操场、走到阳光下、走到大自然中。通过营造"阳光体育运动"的良好氛围，提高学生对体育锻炼意义的理解，结合实际及学生对体育知识、技能的渴望引导学生，使其认识到体育学习与锻炼是时代的要求，是他们健康成长及适应未来生活及工作的需要，建立起直接的体育价值观和强烈的健身意识，养成终身体育锻炼的良好习惯。

#### 2. 自我感受策略

古语有云："己所不欲，勿施于人。"这句话的意思就是不能把自己的意愿强加于他人身上，"阳光体育运动"推广也应如此，必须重视青少年的体育兴趣爱好。兴趣是一种无形的动力，是我们对某种特定对象产生的积极并带有倾向性和选择性的态度和情绪，是推动我们认识和从事活动的巨大动力。可见，兴趣激发是"阳光体育运动"理念内化、提高青少年从事体育活动动机的前提条件。兴趣是最好的老师，兴趣是最直接的学习动力，兴趣是健康美好的情感。体育运动兴趣不是天赋，是在后天接触、参与、实践、认识体育运动过程中获得的。夸美纽斯也曾说过，兴趣是创造一个欢乐和光明教育环境的主要途径之一。培养青少年的体育兴趣目的在于调动积极性，因此，在"阳光体育运动"实施中要充分发挥青少年的兴趣爱好，更要想办法培养青少年的体育兴趣。现在的青少年大都是独生子女，比较早熟，见识的东西比较多，兴趣广泛，加上心理和身体特征上的差异，普遍的情况是男生都比较喜欢球类项目。例如，篮球、街舞等比较激烈、运动量大、对抗性比较强、比较能够展现自我的项目，个人激情能够得到充分释放。女生身体比较弱，则比较喜欢羽毛球、健美操等，这样的项目相对轻松活泼，活动量小，能够表现出女生爱美的心理。因此，"阳光体育运动"推广中就必须先了解青少年的兴趣爱好，在了解情况的前提下，再制订符合青少年生理心理需求的实施计划来带动青少年参与体育锻炼。

### 3. 任务性驱动策略

教育心理学研究表明，任务掌握的动机气氛会最大限度地提高学生的能力知觉与内部动机，并使其得到满足。维果茨基的"最近发展区"理论告诉我们，体育课堂的教学目标应该设置在学生的"最近发展区"内才是适宜的、恰当的。学生在运动能力上存在客观的差异。制定的教学目标要区别化、层次化。如果制定统一的教学目标，对于运动能力强的学生可能是非常轻松，而对运动能力差的学生则可能遥不可及，这样会大大挫伤学生的积极性。教学的本质是激励学生的学习积极性，我国教育界"跳一跳，摘桃子"的经验、日本"8 秒钟跑"的短跑教学都是成功的教学范例，都是以学生为本，让学生体会自我能力提高与成功的典型经验，值得借鉴和学习。任务性驱动是目前"阳光体育运动"体质培训方面较为有效的组织策略。在"阳光体育运动"实施的初始阶段，根据青少年的年龄、性别和体质状况，将活动目标格式化为特定的学习任务，明确活动目标；在"阳光体育运动"实施的促进阶段，通过分阶段布置活动任务和分解活动目标，促进青少年持续有序地参与体质培训；在"阳光体育运动"实施的提升阶段，探索适合青少年特点的体育活动形式，指导青少年有计划、有目的、有规律地开展体育锻炼，将任务驱动提升为具有主体意识的锻炼习惯。

### 4. 选择性渠道策略

自我决定理论认为自主需要、归属需要和能力需要代表三个固有的基本心理需要，这三个需要的满足是心理健康的基础。按照这个理论，当所有需要没有满足特殊的环境，个体会产生缺乏动机。现在"阳光体育运动"的安排还是以教师的规定为主，没有关注学生的主体地位，学生缺少自主感。他们感到在体育活动中更多的是被控制。这进一步提示我们，提供多项目的活动，尤其是不存在太强竞争因素的活动（有氧操、舞蹈等），将会在一定程度上提高那些不喜欢传统比赛项目学生参加的意愿。许多青少年参与"阳光体育运动"缺乏动机是因为缺少自主需要，缺少个人选择和活动选择。"阳光体育运动"设计和实施，要根据青少年的体质健康等级，结合主体学习多样化需求和活动效果多元化评估，设计易于进入的活动路径，实施易于推广和选择面宽的活动渠道，进行趋势性渠道的宏观管理和间接性渠道的微观指导，强调把握广泛性和专门性活动渠道，促进青少年在动机指导下，进得去、找对门、有收益，扩大"阳光体育运动"活动的适用范围和覆盖面。

5. 归属感认同策略

自我决定理论认为，人们有内化自己社会群体的价值和调节的本能倾向，这种倾向受到群体归属感的促进，也受到能力感的促进，而获得归属感和能力感的支持会促进内化，并足以产生摄入价值或鉴别价值。人与人之间的交往建立在相互信任、相互尊重的基础上。只有相互尊重才能创造出良好的学习氛围，也才能激发出强烈的学习动机。如果学生感到没有教师或同学的尊重，或者是认为自己无能，他们就不可能有强烈的动机去实现较高的目标。可见在"阳光体育运动"实施过程中，教师应将情感线贯穿始终，使尊重与关爱深入学生内心。例如，充分给予学生主体地位、关注学生的各种需求、重视学生的情感体验，了解学生在身体条件、兴趣爱好、体能和运动技能等方面的差异，平等地对待每一个学生，使他们在体育学习中体验到拥有归属感和能力感的自信与坚强，从而激发其学习动机，使学生在体育运动过程中学会学习、自我调节与自我支持，鼓励学生合作和发挥团队精神，最终取得良好的教学效果。许多研究已经表明，合作学习对于学生的体育学习和终身体育的发展具有明显的促进作用。合作学习有助于学生提高完成复杂体育学习任务的成绩，也更容易为体育学习成绩较差的学生接受。合作学习不仅能够在一定程度上增强学生的体育学习积极性，提高学生的体育学习成绩，而且能增强自尊，习得团体规范。因此，如果将群体性的教学因素引入"阳光体育运动"，那么同学们的积极性就会明显提高。

6. 自我实现策略

在马斯洛的需要层次理论中，自我实现的需要是最高等级的需要。这种自我实现的需要反映在"阳光体育运动"中，就是对学习体育知识技能的欲望、对健身健美的需求，以及自我表现的欲望。在"阳光体育运动"实施过程中教师不一定要按照教条统一规划去安排青少年，而是要多给青少年自主权，这样有利于青少年发挥个人主观能动性和创新思维。"阳光体育运动"的目的是让每一位青少年都能健身强体，不是用模板刻一群一样的人，只要有利于青少年学习的、不违背规则的，都可以让青少年自主地练习。体育运动是活泼的、生动的，给青少年以自己的空间、时间去合适地安排，不但可以让青少年学习的积极性大大提高，而且可以通过青少年的自主练习，培养青少年自学、自主的能力，让他们感受到更多体育锻炼的乐趣与自我满足，从而有利终身体育观的形成。

## 三、差异教学是实现"阳光体育运动"的途径

所谓差异教学，通常是指教师针对学生的个体差异，调整教学的目标、内容、方法与

进度等，以适应学生在准备水平、智力倾向、兴趣爱好和学习风格等方面的差异，从而满足学生不同的学习需求，促进学生在原有基础上得到充分发展，从而达到自己最佳的发展水平。体育是教育的重要手段，是学校课程体系的重要组成部分，体育新课程提出"关注个体差异与不同需求，确保每一个学生受益"的基本理念，凸显了体育新课程中差异教学的价值性取向。因此，对体育教学中如何实现差异教学进行探讨，具有重要的现实意义。

## （一）差异教学是提高体育教育质量的必然选择

### 1. 优质体育课堂呼唤差异教学

关注体育教学中的体能素质差异，提高教育质量应该成为体育教育理论与实践工作者的自觉行为。长期以来，在我国的体育教学实践中，无论学生的发展水平、个性特征、认知风格、兴趣等如何，教师大都采用统一的教学目标、统一的教学内容、统一的教学方法、统一的教学进度、统一的评价方式、统一的评价维度，这种对不同学生的相同的教学是不公平的。教师对体育成绩优异和体育成绩不良的学生在交往方式、交往时间、关注程度、期望水平、积极评价方面的差异，往往是导致强者更强、弱者更弱的原因。

体育教学中关注个体差异，这是全面提高体育教学质量的重要方面，既是素质教育的要求，也是体育教师肩负的重要职责。在实施《基础教育课程改革发展纲要》和实施体育新课程标准的今天，只有对学生进行差异教育才能使学生的个性得到发挥，体育教学才能发挥出其育人、健身、娱乐、竞争等方面的功能，真正地为学生的健康发展服务。优质的体育课堂教学要面向全体学生，从教学内容的选择到教学评价实施充分关注学生之间的差异，力求使每一个学生的体育需要得到满足，并在原有的基础上进步和发展，使每一个学生有进步和成功的体验，从而提高每一个学生体育学习和活动的自尊心和自信心。

### 2. 多样化的学生结构需要差异教学

差异是每一个人与生俱来的和后天生理、心理发展逻辑的必然状态，它是一种客观存在。如果我们在体育教学过程中用统一的教学内容和教学方法对待具有个体差异的学生，对所有学生提出同样高的要求，会造成有些学生获益，另一些学生则可能受到挫折或失败。作为一名体育教师应该承认学生体质差异及运动能力差异，尊重差异、正确对待差异，在教学过程中寻求适合每个学生的运动、健康素质不断发展的有效教育方式，使学生个体作用得到充分发挥，从而实现体育教育公平。在课堂教学中，学生的差异主要是由身体条件、运动技能、心理承受力、特长兴趣等因素决定的。体育教师在课堂教学过程中应充分了解自己所教的学生，明白学生的需要，针对不同学生给予不同指导，做到有的放矢、因人而异。在体育教学中应通过区别指导或分组、分层教学，承认学生间的差异，认识学生间的差异，并围绕学生间的差异，设计情境，构建师生互动共学、平等对话、情感有效交流的和谐师生关系，让学生可以根据自己的特点在教师的指导下"扬长避短"，实现身心的和谐健康发展。

### （二）体育教育中实现差异教学的策略

1. 使教与学两类变量相适配的策略

"差异教学"就其本身的概念而言，内含了要求教师的"教"去适应学生的"学"的含义。由于每个学生原有的准备水平、兴趣爱好、智力状况和学习风格（它们代表着"学"的变量）各不相同。因此，每个学生学习的需求和方式，也必然会有所不同。如果教师的教学，包括教学的目标、内容、方法与进度（它们代表着"教"的变量），考虑到了学生的这些不同，并与之相适应，那就叫"差异教学"。否则，就不叫"差异教学"了。

在体育教学中教与学两类变量的适配，主要体现在以下方面：（1）教学内容必须对学生具有适度的新颖性，切合学生已有的知识、技能和接受水平。（2）允许学生根据自己的兴趣、爱好，选择自己感兴趣的体育项目进行练习。（3）教学内容的复杂性与挑战性，包括教学的进度安排，同学生的学习能力或技能水平相适应，甚至于教学方法的选择，也与学生的技能水平密切相关。例如，篮球教学中的四角传球，这对能力强的学生可能是适合的，但对篮球基础差的学生可能就不适合。（4）教师布置的学习任务、提供的学习媒介，与学生擅长的体育项目相符合、相适应。多元智力理论的创立者加德纳就曾指出："以个人（学生）为中心的学校，应该在评估学生个体的能力和倾向方面富有经验。这种学校不但寻求和每个学生相匹配的课程安排，也寻求与这些课程相适应的教学方法。"

2. 多元组合与交替策略

多元组合与交替策略主要是指在体育教学中，教师有意设计和安排能够适应和满足学生各种兴趣、爱好、优势技能和学习风格偏好的学习机会，鼓励学生在优先选择与自己的兴趣、爱好、优势技能和学习风格偏好相一致的学习内容与方法的前提下，也要尽可能去接触、了解和参与其他的学习内容或活动。

多元组合与交替策略的本质在于，强调运动项目、任务及活动方式的多样化。它至少有两个明显的好处：一是它使得所有学生都有机会学习自己感兴趣的体育项目，都有机会运用自己的体育特长，完成自己所擅长的任务，都有机会按自己所喜爱的方式进行学习。这对发展学生的体育兴趣，开发学生的运动潜能，展示学生的个性，提升学习的效能，都有着重要的意义。二是它可以帮助学生形成多方面的体育兴趣，对学生学习技能方面的欠缺或不足进行弥补，促使学生各种生理、心理机能得到协调发展。多元组合与交替策略主要体现在以下几个方面：（1）学校为学生开设丰富多样的、可供选择的体育选修课或体育课外活动课，以满足和发展学生现有的兴趣、爱好。（2）围绕同一体育选项，给学生设计和安排多元化的学习任务。（3）教师在同一体育项目的教学中，努力为学生开启多种不同的技能活动窗口，采用多种不同的方法，去教授同一内容，创造一个能使所有学生都受益的学习环境。

### （三）实现体育差异教学策略的途径

体育差异教学应该在教学目标、教学计划、教学内容、教学方法、教学组织形式、教学评价等方面全方位地实施有差异的教学，并根据差异教学策略提出具体的实施途径，这样才能提高体育教育质量，并促进学生形成终身体育健康意识。

1. 科学测查

对学生差异的测查是体育差异教学的前提。为了能较好地关注差异性，在教学中可分别采用问卷调查法、交流谈话法、体能测试法、心理测查法等方法去对待个体差异。注意学生的共同点、研究学生的特殊点，也就是学生的差异性，如体能间的差异、体育学习态度的差异、心理承受能力间的差异、社会适应能力间的差异等，这些差异使学生在体育学习中产生了一定的特殊性，教师只有了解了学生的运动技能水平、个性特征、学习风格、动机、兴趣等，才能为不同学生制定不同的学习目标、学习内容，准备不同的教学材料。这种对学生的测查伴随在每一学期的教学活动当中。因为教学是一个动态的过程，学生也是在不断成长和发展的，对学生的评价也要随时进行，体育教育的目标、内容和方法等也要相应地做出调整。

2. 挑战性的学习目标

在对学生运动发展水平和个性特征科学测查的基础上，教师要为学生制定富有挑战性的学习目标，以适应不同层次、不同类型学生的需要。差异教学既照顾差异，又要对每个学生都具有挑战性，允许学生通过不同的途径、方式、速度去学习。可以同教材、同要求、异进度，可以同教材、同进度、异要求，也可以异教材、异进度、异要求。这些做法保证了体育教学目标的设置能够处于多数学生的"最近发展区"，使每个学生都能达到教学目标的保底线，在此基础上实现最大限度的、富有个性的发展，有力地促进体育教育公平的实现。具体到每一节课，教学目标可以分为不同的类型、不同的层次，适应不同学生的需要，并鼓励学生努力达到最高层次的目标。这种不同层次、不同类型的学习目标不能简单地理解为量上的差别，它既可能有量的差别也可能有质的差别。

### 3. 开放性可选择的学习内容

为了适应学生的不同发展需要，体育教师要为学生提供开放性的学习内容。差异教学需要改变以往单一、固定、统一的模式，并依据体育运动的可替代性特点，体现出体育课程内容的多样性：一是体育课程内容的选择与安排有充分的弹性；二是考虑学生的不同兴趣、爱好、需求，使学生对体育课程内容有一定的选择性。考虑到体育运动项目具有的非阶梯性和学生生长发育的阶段性特点，在差异教学的课堂上，体育教师要提供开放的环境，充分发挥学生的主体性，利用课堂上的生成资源给学生提供具有开放性、可选择的学习内容。

### 4. 灵活多样的教学方法和活动

为了照顾学生间的差异，在制定了科学合理的教学目标、提供了开放可选择的学习内容之后，采用适宜的教学方法把它呈现传递给学生，对于促进学生体能和运动技能的提高、爱好专长及终身体育意识的形成、良好心理品质及团队意识的形成等体育教学目标的实现具有非常重要的意义。鉴于学生之间的差异，教学方法的选择也应是灵活多样的，在一节课中往往要综合运用多种手段和方法。在差异教学中虽然强调采用灵活多样的教学方法，但是也强调这些方法的运用都必须以充分发挥学生的主体性为前提，方法是为目的服务的，没有高级和低级之分，只有适宜与否的区别。

### 5. 弹性的组织形式

在差异教学中，教师会采用适当的教学组织形式，对学生进行合理的教育安置。如教师可以根据学生的情况灵活选用集体教学、小组教学或个别教学，让学生同质分层或异质合作。单纯的同质分层可能会产生标签效应，对学生发展产生不利的影响。而单纯的异质合作也有可能使一些成绩较好的学生只能在合作的小组中充当"小老师"的角色，帮助其他学习较困难的同学，但缺乏与同水平同学的交流与合作机会，会使他们陷于自我满足的状态，影响他们的进一步提高。为了避免这些情况的出现，在体育差异教学中，要把同质分层与异质合作结合起来。体育教师对学生的分组都是弹性的、动态的，可以根据情况灵活调整，在不同的体育活动中及时地做出相应的变化。在弹性、动态的体育分组合作中，不同学生的智能优势都能够得到发挥，促进了学生的全面发展，同时学会了互相学习、互相帮助；有不同体育锻炼需要的学生也能够得到教师及时的关注，可以形成良好的生生互动、师生互动，学生感觉到被接纳、被尊重，有成功感，这有助于学生健全人格的培养。

### 6. 多元化的体育评价

在对学生的评价中，差异教学强调评价应以促进每个学生的发展为目标。体育差异教学要强调评价方式的多样化。在评价中，既注重形成性评价，也注重结果性评价；既注重标准参照评价，也注重本体参照评价，并将评价结果及时反馈给学生，让学生了解健康素质的发展变化，帮助学生改进锻炼方式。

弯料因为弯而做了车辖辘，直料因为直而做了车轴。在这里弯料、直料都发挥了最大的效用，都是有用之材。在体育教学中有的学生身体基本条件适合篮球运动，且自己喜欢篮球，有的学生善于速度奔跑。如果我们用奔跑的速度标准去衡量喜爱篮球的学生，就好像用直木的标准去衡量弯木一样，是很不公平的。因此，体育教师在评价中要给予不同的学生以不同的合理评价，体现教育评价的公平性。从当前体育课评价的实践来看，这种公平可从评价角度多元化、评价标准个体化、评价方法多样化、评价形式灵活化四个方面得以改善。

## 四、健康价值观的内化是实现"阳光体育运动"的关键

但闻朝夕读书声，不见操场健身郎。对于很多学校而言，这是一个再常见不过的场景。最近一次全国青少年体质健康调查显示，近 10 年，我国青少年体质持续下滑。而一项针对我国中小学生的调查则表明，60%的学生没有养成体育锻炼的习惯、逐年恶化的体质测试结果、居高不下的青少年肥胖率和近视率，无一不为我们敲响警钟。2011 年 3 月 15 日，"保证中小学生每天一小时校园体育活动"首次被写入国务院政府工作报告中。这项曾被教育部、国家体育总局、共青团中央等部门多次强调的议题，如今上升至一个新的政策高度。众所周知，外因是需要内因来起作用的。如果作为主体的中小学生的个人自觉意识没有被调动起来，意识不到体育运动对健康生活的促进，意识不到参与体育运动的重要性，那么即使是外界的支持再完备，也是很难达成中小学生每天锻炼一小时的目的的。下面旨在通过对自我决定理论基本观点的梳理和借鉴，为如何有效地促进青少年自觉锻炼习惯的养成提供一定的启示。

### （一）影响青少年体育锻炼的自我决定的相关因素分析

自我决定理论从动机角度解释人类自主行为的本质，并运用实证方法考察外部环境对个体自主行为的影响。经过 30 多年的研究，自我决定理论已成为最为完善、得到实证研究支持最多的当代动机理论之一，并被广泛地应用于管理、教育、咨询等实践领域。

1. 青少年从事体育锻炼的动机机制分析

自我决定理论认为，人是积极的有机体，具有先天的心理成长和发展潜能。自我决定就是一种关于经验选择的潜能，是在充分认识个人需要和环境信息的基础上，个体对行动所做出的自由选择。青少年对参与体育运动的自我调节行为是一个连续体，根据相对自我

决定程度的不同可以将动机分为三种形式，即无动机、外部动机和内部动机。无动机指青少年在从事体育活动时不知道自己行为的原因，缺乏基本的行为动力。具有这种动机风格的学生由于对体育活动具有低自我效能和低价值感，几乎体验不到从事体育运动行为的自我决定感，往往表现为对什么体育活动都不感兴趣，认为体育锻炼无所谓，自然这部分学生很难保证每天一小时的体育锻炼。内部动机是由于对体育活动本身的兴趣而参与其中，当青少年从事体育活动为内部动机所激发时，他们会体验到对自身行为的高度自主和意志控制，具有内部动机的学生能较好地感受体育活动的乐趣与益处，从而能自觉、主动地从事体育锻炼。外部动机是指青少年为了获得某种与活动本身相分离的结果而从事体育活动的倾向。外部动机所激发的行为是工具性的，通常不会自发产生，需要由外部压力来激发。根据自我决定理论，尽管内部动机对青少年从事体育运动的行为有积极的推动作用，但并非所有行为都由它激发。对于无动机的学生而言，在被动从事体育锻炼的过程中，外部动机具有非常重要的作用。内部动机与外部动机并非相互排斥，本质上青少年从事体育运动的自我调节程度沿着从无动机—外部动机—内部动机这一维度逐渐增加。随着外部动机变得越来越内化，个体对自己从事运动的调节也越来越自主。达到最高的整合调节阶段后，个体就会完全自主地决定自己要从事的体育运动行为了。

2. 青少年从事体育锻炼外部动机的内化与整合

自我决定理论认为，内化是个体将外部的规则转换为自身的价值观或用于调节自身的行为的过程。通过内化外部激发的行为，逐渐变得自主，个体的自我调节水平逐渐增强。如果内化过程受到阻碍，就会产生部分内化，导致中间水平的自我调节；如果内化得以完全实现，则产生整合，将外部的社会规则与自我有机结合并整合到自我之中，达到最高水平的自我调节。

3. 青少年从事体育锻炼基本需要的满足与自我调节

人类有三种基本的心理需要，它们分别是胜任力需要、自主需要和关联需要。胜任力需要是指在与他人、任务或活动交互作用的过程中，个体需要感觉到自己是能胜任的、有能力的需要；自主需要是一种控制感，指个体自主地与环境相互作用的需要；关联需要指的是隶属于某一群体的需要，类似于归属的需要。因此，在引导青少年从事体育活动时，要充分考虑以上三种需要的相互联系和相互作用，它们都得以满足后个体才能对自觉从事体育锻炼产生真正的自我调节，内部动机的产生与这三种需要息息相关。当从事的体育项目能满足个体胜任力需要，让个体产生成就感时，就会增强青少年体育锻炼行为的内部动机；尽管关联需要不是内部动机的必要条件，但在充满安全感与归属感的环境中，由于关联需要得到了满足，个体也更容易产生内部动机行为。研究发现，三种基本需要的满足，能够激发更多的自我决定的动机。不同的动机类型对预测锻炼行为的作用不同。不同的动机在年龄、性别及基本需要满足的基础上对预测大强度锻炼行为及整体锻炼行为都具有显著的增值贡献。

### （二）体育教学中促进青少年养成自觉锻炼习惯的策略

传统的体育教学模式强调的是对学生健康体质的改造，若单从抽象知识、专门技能和即时效果来看，这种模式也许是非常有效的。但从自觉意识、行为习惯和长期效果来看，这种模式就显得十分局促，因为学生的体质健康总体上是一种对环境的依赖、适应和利用的关系，关键是主体的自觉，而不是靠抽象知识、专门技能和即时效果就能奏效的。自我决定理论认为，基本需要的满足能激发个体的内部动机、促进外部动机的内化与整合，支持个体基本需要的社会情境有利于促进其自我决定行为。

1. 满足学生从事体育锻炼的自主需要，激发其学习的内部动机

自主是一种能力，更是一种基本心理需要。如果学生自主的需要得以满足，可以为其提供一种自然的动机资源。自我决定理论的研究表明，威胁、指令、压力性评价、强制性目标等会削弱学生的内部动机。传统体育教学中那种命令式的口吻容易造成师生双方立场上的隔阂，使学生始终处于一种被动的学习状态，无论学生有什么想法，都必须按照教师的意愿和口令来完成，导致本来喜欢体育活动的同学都变得不喜欢体育课，甚至不喜欢体育活动了。因此，要满足学生自主的需要，首先，体育教师要善于反思自己在课堂上的相关教学行为，反思这些行为是否损伤了学生从事体育锻炼的内部动机，影响了他们的体育锻炼自主性。其次，体育教师在课堂上应有意识地为学生提供一些自主选择的机会，为学生创设自主的体育活动环境。例如，体育选项课的开展，让学生有机会来练习自己有兴趣的体育项目，这样才能使学生体验到从事体育活动的愉悦，进而产生较强的体育锻炼自主性。如果教师每堂课进行太多的统一安排，没有注意学生体育兴趣的差异性，忽视学生的自主需要，就会限制其自主锻炼能力的发展。

2. 帮助学生了解体育锻炼的价值，促进外部学习动机的内化与整合

尽管内部动机有利于促进学生对学习的自我调节，但并不是所有学习任务都能引发学生的内部动机。在这种情况下，要使学生在体育锻炼上付出持续的努力，必须使其认识或体会到体育锻炼的价值。自我决定理论认为，学生对学习价值的认同来外部动机的内化与整合。根据外部动机内化的条件，体育教师除了要在较小的压力之下给学生提供选择体育学习任务的机会之外，还应做到以下几点：（1）当学生完成一些他们不喜欢的体育学习任务时，容许他们坦陈自己的感受；（2）让学生理解体育活动的有用性，如该体育任务对于

现实生活的意义，对于将来工作或其他方面获得成功的意义，再如各项体育活动所特有的拼搏、竞争、团结、协作等意义，使之体会到体育活动的工具性价值；（3）鼓励学生树立长期的体育健身发展目标，并指导学生将当前的体育活动与个人长远健身、健体目标相整合，促进体育健身价值的内化。

3. 合理设计、安排体育教学活动，满足学生的胜任力需要

研究表明，适宜的挑战是内部动机产生的一个重要先决条件，也是实现认同调节和整合调节的关键。教师在设计安排教学活动时，应注意做到与学生已掌握的体育技术、技能相匹配，以满足学生体育能力发展的需要。如果体育教学中技术、技能难度安排适宜，学生就有参加运动的动机、兴趣，也能体验到运动中的乐趣；反之，会产生畏难情绪，也体验不到运动的快乐，甚至会在运动中伤害自尊。在当前的体育教学中，教师在设计与执行体育教学时，往往忽视了学生本身的内在动机与心理需要。例如，在课堂上随意安排体育项目，体育学习内容的新颖性与目标预设性超出或不及学生能力的最近发展区等，这都会导致学生学习过程中胜任感的丧失，挫伤学生学习的自主性。一般认为，对结果的积极反馈能提高个体的内部动机，而消极反馈则会损伤内部动机。当学生的胜任力获得满足时，学生不仅能体验到体育活动时的自我效能感，还能体验到对体育锻炼行为的自我决定和内部控制，进而产生从事体育活动的内部动力。

4. 建立民主、安全的人际关系，提高学生的归属感

自我决定理论的相关研究表明，教师对学生的情感支持能使学生产生积极动机状态，即使体育成绩很不理想的学生，只要能感受到教师的关心，仍然会保持对体育锻炼的积极性，并坚持付出努力。因此，要培养学生的自主锻炼能力，教师在体育教育实践活动中应注意为学生提供情感上的支持，并能及时了解学生的锻炼情况，对学生的锻炼态度、锻炼成绩做出正确的评价。这样有利于激发学生进一步坚持目标的欲望和继续锻炼的热情。从同学关系的角度来讲，教师应为学生创设合作性课堂氛围，多提供与同伴合作的机会。例如，在分组练习时要尽量将水平接近的同学编在一组进行练习。特别是对抗性集体项目的练习，组与组之间要实力分配相当，这样可以充分调动学生的积极性，有利于形成和谐、安全的课堂氛围和同学关系，使学生产生对合作团队的归属感。

# 第二节　体育教师教学合作互助式发展

本节以主体间性哲学理论为依据，通过梳理合作、教师合作等概念的内涵，分析体育

教师合作对于体育教师专业发展的意义和价值，并在认识现实体育教师专业合作现状的基础上，提出培育体育教师合作文化，构建体育教师专业共同体，促进体育教师专业发展的策略与建议。

## 一、主体间性：教师合作文化的理论基础

主体间性（又称为交互主体性），它反映的是主体和主体之间的共在关系。主体既是个体化的存在，同时又是主体间性的存在，即主体间的共在。海德格尔认为，由于这种"共在"，世界过去是、现在是、将来也应该是"我"与"他"的共有世界。"在之中"就是人与人之间的共同存在，个体与其他个体间是一种本真的自由的关系，而非一种操纵与被操纵、支配与被支配的关系。可见，主体间性并非反主体性的，相反，它是对主体性认识的进一步确认和超越。主体间性概念的提出，深刻地影响着社会科学的认识论，它在弘扬主体性上，将传统的只关注主体性或者认知上的"主–客体"二元的工具理性的倾向改造为关注主体与主体之间的自由、民主、平等交往的主体间性，从而使主体从"手段–目的"的工具性认识论和占有性线性思维的窠臼中解脱出来。在交往实践上，主体间性强调主体与主体之间的理解、对话和视界融合等理念，它提倡个体要摆脱"自我"走向"他人"，要从单数的"我"（I）走向复数的"我们"（WE）。

主体间性哲学为我们理解"教师合作"提供了理论基础。教师合作文化表征的是主体间性中主体与主体之间（即教师与教师之间）的互识与共识。"互识"，即主体之间相互认识、彼此理解；"共识"，即不同主体对同一事物达成了共同的认识和理解。交往，作为合作文化中最具有代表意义的活动，为主体间的合作提供了可能。人总是存在于一定的社会环境中，生活在人与人、群体与群体的互动交往之中。从某种意义上来说，人的世界就是一个交往的世界。人的主体性在各种交往关系中体现为一种交往主体性。教师在与他人的交往过程中，通过对话和沟通，消除误解与偏见，实现人与人之间的相互尊重与宽容、关怀与理解，这种合作文化正是一种最为理想的教师文化。教师需要与他人和谐共处、密切协作，通过与他人的沟通交流来审视和完善自己，教师更需要在合作的教师文化氛围中提升自己的专业发展水平。

## 二、教师合作：体育教师专业发展的重要路径

当然，在教师教育领域之所以强调教师专业合作，无疑是因为教师之间的合作能够有效地促进教师的专业发展。在教师专业成长的过程中，教师之间的合作与互动备受关注，并被认为是促进教师专业发展的重要因子。因为，根据建构主义的观点，"学习就是知识

的社会合作性建构"，学习的过程其实也是一种合作与交往的过程，即他人思想和个体思想之间的对话。维果茨基也曾指出，人类的学习离不开人与人之间的合作交往，学习本质上是一种社会活动。在论及教师合作学习的重要意义和价值时，有学者引述了红鸥鸽的故事：在 19 世纪时期的英国，家庭所食用的瓶装牛奶是不盖瓶盖的。结果，引来山雀和红鸥鸽常常啄食瓶口的奶油。人们注意到这个情况之后，就在瓶口封上了一层锡箔纸。可是没有多久，山雀就知道了怎样啄穿这层锡箔纸，继续啄食纸下面美味的奶油；而红鸥鸽却没有学会这一点。虽然也有少数红鸥鸽意外啄破了锡箔纸而又享用到了新鲜的奶油，但它也隐藏自己发现的这一秘密而有意不让自己的同伴知道。这实在是一种极其有趣的动物文化现象。山雀属于群居类动物，它们往往结伴行动，而红鸥鸽则一般是割地而居，一只雄性红鸥鸽经常会和它的雄性竞争对手斗得不可开交，势不两立。导致的结果是，红鸥鸽在数量上远远少于山雀。在自然界，群居性的鸟类学习适应环境的本领比较快，这一方面扩大了生存的机会，同时也加快了物种进化的步伐。

事实上，教师的成长和发展如同红鸥鸽的生存和进化。由于与众不同的能力、性格和气质以及教育经历和外在环境的影响，无论是不同学科之间还是同一学科之间的教师在知识结构、教育智慧、思维方式、情意特征等方面都存在着很大的不同之处。同时，每个教师都是以自己的经验为基础来建构对事物意义的认知和理解，因而他们所理解的都只能是事物的某些方面，对事物唯一正确的理解是不存在的。正因为如此，教师不能拘泥于自己的理解，而必须看到并乐意接受他人不同于自己的理解，这样才能使自己对事物的把握更为丰盈，更能接近事物的全貌。因此，不同教师之间存在的差异就是极其珍贵的教学资源，是促使教师进行合作学习的动力和源泉。

理性地审视教师合作的力量，我们可以从以下三个维度透视教师合作在教师专业发展中的价值和作用。

### （一）优化和完善教师智能结构

迈克·富兰指出，合作对于个体的学习十分重要。假如我们把自己封闭起来不与他人交往，那么我们所能学到的东西是极其有局限性的。在或大或小的范围内，合作的意识与能力在后现代社会正在成为十分需要的素养。一个人只要思想开放，个人的努力与有效的合作相结合将会使成长的力量变得更为巨大。建构主义知识观认为，知识是在个体与他人互动交往的过程中建构和发展起来的。从教育实践和有关调查结果来看，教师在教育生活中获取的最大援助源自其他教师。这是因为，不同的教师有各自不同的学术背景、知识结构、思维方式和实践经验等，即使是同一个学科的教师，其教学风格也存在较大差异，而这些差异其实是一种珍贵的学习资源。教师之间通过合作和交流，共享这些资源，能够实现经验的互补，进而使自己的智能结构得到优化和完善。

### （二）维持和强化教师发展动力

心理学研究表明，个体的情绪和情感在很大程度上影响甚至决定着个体的行为。在各种情绪和情感因素中，焦虑是最应该引起人们关注的因素之一。焦虑是一种多维的情绪变量，它可以发挥正、反两方面的作用。一方面，适度的焦虑具有一定的驱动作用，能够激发强化智力活动的进行；但另一方面，过度的焦虑则可能导致职业倦怠，削弱和阻抑智力活动的正常进行。这对于教师专业发展有着重要启示：既要唤起教师适度的焦虑，同时又要避免过度的焦虑。而在这两个维度，教师合作的价值均得以凸显。

一方面，教师合作有助于激发和强化焦虑。前文已述，教师合作文化提倡教师之间存在一定的差异，强调多元化、开放性的批判性互动。而多元化、开放性和解决复杂问题的急切渴望很容易激起个人和集体的焦虑与冲突。这些冲突、问题和焦虑的出现，能够让教师感受到学习的必要性，遂唤起强烈的学习意愿和动力。另一方面，教师合作有助于释放和避免过度的焦虑。教师过度的焦虑容易形成教师职业倦怠，进而阻抑教师的专业发展。教师处于这样的境遇下，其迫切需要的是情感上的支撑，尤其是来自同事的鼓励和援助。而倘若教师孤立于其他教师，他就难以走出情绪上的沼泽地，其专业的持续发展更无从谈起。

### （三）提升和增强教师反思能力

自我发展强调教师的自我反思，但有研究显示，反思的意愿和能力不可能只靠个体便能形成，它需要合作的文化环境。正如彼得·圣吉所指出的，在培养反思能力的探索过程中，我们与别人互为对方最有价值的资产，因为眼睛看不见它自己。这一隐喻形象地揭示了合作的重要性。教师要通过反思自我实现自身的专业发展，同样离不开与其他教师的合作。

教师间的互动和合作有助于提升教师个体的反思能力。教师之间一旦营造起了独立、自由、平等、民主、创新的文化氛围，将有助于教师在交流中受到启发和触动，从而引发教师对自己教育教学观念的反思和行为的改进。教师合作促进教师反思的重要中介机制在于同事间的相互评价，在教育教学生活中，教师可以扮演彼此之间的形成性评价者的角色。在教师发展的过程中，教师期望可以得到各个渠道的及时的形成性反馈和帮助，协助其提升专业发展水平。教师个人的独立反思固然重要，但也会隔于视野所限而出现偏差，隅于视野所限难以走向深入。而教师相互之间则可以扮演形成性评价者的角色，通过教学观摩、讨论交流等合作形式，相互进行批判性援助，从而有效减少教师个人反思可能存在的偏差、误区，并推动教师个体的反思走向深化。

## 三、构建教师专业共同体，促进体育教师专业发展

近年来，西方不少学者十分重视通过建构一个协作环境让教师们去学习，以强化他们的专业发展，解决教师孤立和个人主义的问题。"教师专业共同体——作为教师合作文化的一种具体表现形式，逐步引起人们的关注并成为西方教育领域备受瞩目的一个研究课题，并被视为促进教师专业发展的方法之一。"① 目前，我国的相关研究与探索才刚刚开始，在体育教师的教育领域更是鲜有论及。为了使教师专业共同体能够在体育教师专业发展中发挥应有的作用，在理论上厘清教师专业共同体的内涵及特质，探究创建体育教师专业共同体的思路与方法，就成为当前应当做的一项十分有意义的工作。

### （一）教师专业共同体的内涵及特质

随着教师专业发展取向和模式的转变，教师专业共同体作为教师发展的一种实践模式应运而生，并吸引了不少教育研究者的视线。佩里（Perry）指出："教师专业共同体是教师专业发展过程中建立起来的，具有相同的目标，共同参与专业发展的计划、实施和反思的智力团体（intellectual group）。"② 刘雪飞博士指出："教师专业共同体，是以教师职业为基础，教师自愿为前提，以'分享、合作、发展'为核心精神，以专业理想为纽带，以促进教师个体、教师整体以及学校发展为目的，在互动协作的过程中形成的一种关系的联结。"③ 刘易斯（Louis）则对"教师专业共同体"的特征进行了论述。他认为，教师专业共同体应具备以下几方面的特征：其一，具有共享的规范和价值，即共同体成员在学生、学习、教学和研究等方面具有共同的信念和假设，有共同的愿景；其二，经常进行反思性对话，即专业共同体成员要针对教学生活中出现的各种问题进行对话，开展公共的反思，进而带来教学实践的改进；其三，去个人化的实践，即共同体成员以公开的方式从事教育教学和研究，他们兼具建议者、专家和学习者的角色，相互提供帮助，彼此共享经验；其四，合作。教师超越自我的利益局限以及纯粹个人的反思，合作备课，协同施教，结组研

① 黄丽锷. 专业学习共同体：一个校本的教师发展途径[J].上海教育，2006（5）：27.

② Perry, N. E, Walton, C., Calder, K. Teachers developing assessments of early literacy：A community of practice project [J]. Teacher Education and Special Education, 1999, 22 (4)：218.

③ 刘雪飞. "有机团结"理论与教师专业共同体建构[J].教育发展研究，2007（11）：60-61.

究，建立学习型的教师群体。

一言以蔽之，教师专业共同体是建立在教师专业化浪潮的基础之上，基于共同的目标和兴趣而自行组织的，以教育实践为载体，以共同学习、研讨为形式，在团体情境中通过相互沟通、交流、对话，最终实现整体成长的学习型组织。

### （二）专业共同体：体育教师专业成长的新型实践模式

#### 1. 合作与互动的缺失——体育教师专业生活的现实形势

在全力推进教师专业化发展的进程中，诸多瓶颈使得体育教师的专业发展陷入了困境。其中，教师职业群体的同伴互助缺失、教师专业共同话语匮乏且分享渠道不畅，是我们不能忽略的重要因素。一直以来，我国传统的教育教学管理体制习惯于照搬一些科学管理的名目，罗列出一条条硬性的规范与规定，对教师实施量化的考核与评价，这在无形中加剧了教师之间的竞争，积聚了矛盾，阻碍了教师之间的实质性合作，这使得教师在教育生活中表现出显著的个人孤立倾向，教师之间缺乏必要的沟通与交流，存在着普遍的隔阂与封闭以及防备与排斥。正如钱旭升博士所指出的："学校中目前普遍弥漫着专业孤立、个人主义、技术心态及专业意识模糊等现象，这些都是教师专业成长中的基本障碍。"[①]更有研究显示，在合作意愿上，音体美教师明显低于外语、政治、地理、生物、信息、化学等学科教师。"在传统的学校体育组织中，教师之间倾向于互相封闭，很少有深入的专业交流，缺乏互动、对话、分享的机制，教师专业发展中弥漫着无力感、疏离感以及平庸主义。"[②]

王健教授指出，由于"体育"自身特有的禀性，导致不少体育教师具有争强好胜和"唯我独尊"的个性特点，从而形成了体育教师的个人主义文化。心理学的有关研究也解释了这一点："人格特质中的成就动机的竞争因素，以及知识拥有者个人的同理心特质，与知识分享意愿之间有密切的关系。当个人竞争性越强时，越倾向运用人际竞争而获胜，生怕别人从他身上得到任何资讯，较不愿意与他人分享知识。"[③] 同时，有的学校体育教师分为许多独立的小团体，形成派别，派别内部成员之间联系紧密，但派别之间体育教师则漠不关心甚至相互竞争，导致一个学校中的体育教师很难有共享的目标。这些因素导致了体育教师在日常的教学生活中缺乏与其他教师的必要沟通与相互交流，教师之间普遍存

---

① 钱旭升，等. 教师个体专业发展与教师群体专业发展[J].教育科学，2007（4）：29.

② Perry, N. E, Walton, C. Calder, K. Teachers developing assessments of early literacy：A community of practice project [J]. Teacher Education and Special Education, 1999, 22（4）：218.

③ 刘雪飞. "有机团结"理论与教师专业共同体建构[J].教育发展研究，2007（11）：60-61.

在相互隔阂与封闭，乃至防备与排斥等现象。彼此孤立、互不合作，也许在一定程度上阻断了教师间可能存在的相互指责和挑剔，但同时也断绝了寻求他人支持和帮助的通道，进而影响到体育教师自身的专业发展。

2. 构建专业共同体，培育合作文化：体育教师专业发展的应然取向

教师合作文化的形成需要依靠一定的组织信托，形成一定的合作组织。建构教师专业共同体，其实质就是要营造一种新型的教师合作文化，为教师营造一个资源共享、精神相遇、个性自由表达、身心愉悦、情感流动的生存空间，使教师在"协作""共享"中，达到实现自己、超越自己、提升自己的目标。教师专业发展思想的一个重要转向就是将关注的重心从个人化的努力转向学习者的共同体，在共同体中，教师通过合作性的实践来滋养自己的教学知识和实践智慧。有效的教师专业发展必须具备的其中一个关键特征："专业发展必须包含一种批判性同事关系，在这样一种氛围中，成员之间既彼此信任，同时又进行不回避批评的专业对话，教师共同体要有容纳冲突和分歧的能力。"而这一点在我们传统的体育教研组里却是十分欠缺的。传统的行政性教研组由于对真正意义上的教师合作的遮蔽而被大部分体育教师所诟病。

体育教师的专业发展迫切需要构建新型的体育教师文化。构建新型的教师文化，就是要从根本上改变孤立封闭的文化意识，形成同侪互助式伙伴关系，使体育教师的思想、观念和行为兼具现代人的宽阔胸襟、诚信品格和协作精神。就教师专业发展而言，其根本出发点是要建构教师内在、动态、开放的知识体系，把教师个体知识的获得放在不断发展的教育平台上，让教师在民主、和谐的对话氛围中去创造、融合、共生。体育教师知识覆盖面甚为广泛，它涉及普通基础知识、人体科学知识、运动理论与技术学科知识、体育应用学科知识、体育人文社会学科知识、体育教育学科知识等，以及在体育教学实践中这些知识有机融合而形成的对具体课题、问题或论点如何组织、表达和调整的认识、体验和行为能力与策略等方面的知识。要建构如此丰富的教学知识，除了体育教师自身的不断实践和反思之外，其推动力还来源于教师同行所组成的学习共同体，从同事那里了解到的自己和自己的教学。特别是在体育课程改革深入推进的背景下，更需要建立新型的合作型体育教师文化，鼓励和引导体育教师相互之间合作、体育教师与学科专家合作、体育教师与其他学科教师合作，为自身专业发展营造一个和谐的人文环境。譬如，体育教师与物理学科教师一起就生物力学进行交流，可以最科学地传授技术动作奠定理论基础；体育教师与人体生理学教师的合作，可以就课堂上应为学生安排多大的运动负荷给出一个最合理而准确的标准。

（三）体育教师专业共同体的生成和建构

建立教师专业共同体，是一项系统性工程，关涉教师文化的重建、专业支持系统的构建、对话活动的设计等诸多方面，的确不是一件简单的事情。而对于体育教师这一群体而言，由于上文述及的"体育"自身的特有禀性所导致的争强好胜和"唯我独尊"的个性特点，加上派别主义的存在，造成体育教师之间难以有效地沟通与交流。同时，无法回避的体育教师在学校的地位与其他学科教师相比相对较低的现实，也在一定程度上形成部分体育教师对自身专业发展的"自暴自弃"。这些因素都直接或间接地妨碍了学校内部体育教师专业共同体的形成，但与此同时也更加凸显了建构体育教师专业共同体的必要性。

1. 强化体育教师合作的愿景和信念

愿景是人们对于未来的思想或意象，即人们对将来会怎么样所抱持的见解。在各种人类组织中，愿景都是最有力的激励性因素，它能够将不同的人凝聚在一起。教师合作行为的关键在于教师之间存在着共享的价值和共同的信念，即确立共同的愿景，这是营造教师合作文化的关键。

教师合作的愿景不是一句空洞的口号或者空泛的理想，它应该借助于一定的形式和内容，即"使命"。因为共同愿景的形成，绝非一朝一夕的事情，它必须经由一个比较漫长的历程。在这一漫长的过程中，"愿景"必须有"使命"作为支撑。我们如果把愿景喻为一座大厦，那么使命就是通往大厦顶端的阶梯。愿景往往指的是"我们要创造什么"这样一种相对宏大和抽象而且需要长期的共同奋斗才能够接近或实现的目标。而使命往往指的是"我们如何进行创造"这样的富有挑战性的、具体明确的基本任务。"愿景"与"使命"的关系就是"目标"与"任务"之间的关系。因此，对于学校而言，必须制订出合作的具体计划，唤起教师合作的愿景和信念。这就要求学校领导要有开阔的视野，有"全面育人"的教育观念和"共生效应"的思维模式，把学校体育工作作为实现学校育人目标的一个不可或缺的组成部分。而体育教师更应该充分深刻地认识到合作的重要意义，形成诚信合作的教育价值观。教书育人的特殊性，要求体育教师具备诚信合作的专业态度，这是实现专业共生的基础，也是形成共同价值观的前提。尤其是在体育工作边缘化的背景下，体育教师更应该确立"我们"的意识，加强团结，精诚合作，共同成长，这样才能在提升学校体育工作地位的基础上实现体育教师群体地位的提升。要鼓励体育教师之间或者体育教师与其他学科教师之间展开平等性对话，使教师间形成良好的学术探讨、问题交流等亲和行为。

2. 走出个人藩篱，构建信任、互惠、合作的教师文化推力专业共同体的核心是合作文化的形成，因此，创建体育教师专业共同体，必须构建相互信任、彼此关心、民主平等、诚挚合作的教师文化，把孤立、冷漠、猜忌、疏离的教师文化转型为关怀、对话、信任、分享的教师文化，把教师关系由"同事关系"升级为"伙伴关系"，这是推动体育教师专业共同体建设的一项重要任务。这种和谐的"伙伴关系"不会自然生成，首先需要考虑的是共同体成员的相互信任。唯有相互信任，教师们才会更愿意进行公开的教学、训练、科研及日常生活上的合作和交流。对于挫折或失败，不是采取逃避或防卫的态度，而是在相互帮助中，共同去面对问题，在相互讨论的基础上，找到解决问题的办法。其次是互惠行为。互惠是协调人际关系的重要文化规范，它强调回报，人们的回报必须与有关的投入、贡献相称，它形成一种外在的、非正式的监督和内在的文化约束。理论与实践证明，信任与互惠能够有效推动合作的发生，使教师能够更加有效地行事，同时也会进一步促成良好的同事关系。而这种良好的同事关系在共同体内部反过来会促成教师间的忠诚、信任、互惠与合作，并且可能由非正式的教师文化逐渐向教师的"专业美德"的维度转变。

目前，体育教师之间存在着信任、互惠与合作的良好基础。在新一轮体育课程改革的背景下，体育教师面临着校本课程的开发。体育校本课程开发是以学校体育教师为主体，在国家《体育与健康课程标准》和地方《体育与健康课程实施方案》的指导下，依据学校自身的性质、特点、条件以及可利用和开发的体育资源，为满足学生的体育需求和促进学生健康发展而开展的一系列活动的过程。校本课程的开发为体育教师提供了合作学习、深入研讨、共同进步、创造教学的平台，有利于体育教师建立专业学习共同体，在真正的学习与合作中营造互相学习、取长补短的风气，从中体悟工作的意义、生命的意义。

3. 培养专家型体育教师，推动群体内部社会互动学习

教师群体之间的社会互动学习是自然存在的事实。当教师看到自己的同事展现出某种"更好的实践"时，教师会模仿同事的这种实践而在自己的专业活动中采取变革。因此，采取措施鼓励或者推动教师群体内部的社会互动学习，鼓励某一部分较为先进的教师更好地发挥示范、引领和辐射作用，甚至经由教师之间的相互影响，确立专业支援制度，这对于教师专业共同体的构建具有积极的意义。

近年来，随着信息交流渠道的不断拓展，尤其是网络技术的发展，教育理论的共享性大大提高，体育教师已经能够方便地接触教育理论；同时，随着教育决策的透明度不断提高，一般教师了解和熟悉教育政策也已经不是难事。这两个变化，正在越来越快地酝酿着体育教师群体内部的新一轮职阶分层：一部分具有较高的运动技术技能水平，同时对教育理论有兴趣并对教育政策的动向保持敏感的优秀体育教师迅速脱颖而出，成为"专家型体

育教师"。他们既在专业实践上出类拔萃，又有相当的理论素养，同时对教育政策也较为熟悉。这批"专家型体育教师"成为不脱离体育教育一线的专业支援力量，对本校的其他体育教师产生越来越大的专业示范辐射作用，能够更好地推动群体内部的社会互动学习，进而促进体育教师群体的专业发展。因此，制定相应的政策，提供更多的有利条件，鼓励一部分教师尽快地成长为"专家型教师"，这对于体育教师专业共同体的确立有着长远而深刻的积极意义。

4. 构建合作、开放型的教研组织

教研组应有教学、科研和教师培训三个职能。然而，反思大部分教研组（包括体育教研组）的工作，它更多地体现为研究教材、教法和学生成绩的提高，对教师的专业发展关注不够，整个教研组制度运行中的个人主义文化和教师之间的相互隔离，以及教师对教研任务得过且过和被动敷衍的倾向，妨碍了教师的专业成长和提高。而与传统教研组相比，教师共同体思想在教师专业发展的背景下无疑具有更现实的意义，为我们反思和改进传统的教研组工作提供了新的视角。学校可以在保持原有正式组织结构（年级组、教研组）不变的基础上，建立一些专业取向的组织，为各个层面的教师提供尽可能多的平等合作的机会。譬如：

（1）体育教师合作研讨小组。将骨干教师与一部分较优秀的青年体育教师组合在一起，寻求新老两部分优秀教师的共同发展。比如通过相互听课、相互学习，观察教师是否合理安排教学过程，如课堂管理、组织、兴趣分布、运动量、练习密度、教学方法、教态、讲解、示范、师生沟通情况等，如何处理课堂教学中的问题，确保教学活动顺利进行。这与传统的听课形式不同，不是教学的检查、评价，而是通过听课这一形式，教师相互观摩课堂教学，同时记下所观察到的情景、发现的问题等，然后彼此客观地交换意见，提出改进措施，从而达到共同提高、共同发展的目的。日本的"体育课例研究"就是教师合作研讨的一种典型模式。"体育课例研究"是针对体育教与学过程的教师合作研究，旨在通过创造各种机会和有效方法来改变和丰富体育课堂实践、提升体育教学质量、改善学习环境、促进体育教师教学能力的提升，其最突出的特征就是由体育教师集体制订计划、实施教学和进行课后反思。"体育课例研究"的实践目标由教师集体研讨通过，包括教学内容目标——"教什么"和教学过程目标——"怎么教"。"体育课例研究"的具体做法有：授课被其他教师观察，合作式备课，每堂课确立特定的教育目标，授课过程被全程记录并作为文件保存，所有参与的体育教师（包括研究者）对这堂课进行反思式研讨。

（2）青年体育教师专业发展小组。主要针对教龄较短的青年体育教师，并有专家型教师进行指导。约定固定的时间，解决教师在教育教学中遇到的问题。每次活动前，由若干教师带着自己教育教学上的实际问题走进小组，针对问题作中心发言，然后进行小组研讨，从中寻求解决问题的方法，制订并实施方案，带着体验再次走进小组反馈交流。

（3）开放型教研组。体育教师的专业成长与发展需要借助于体育学科与其他学科的共同关心问题的协作、不同层次教师间的交流与协作。例如，基于生物课程与体育课程在身体健康、心理健康以及社会适应等课程目标方面的诸多相互交叉与融合之处，体育教师与生物教师之间存在着广泛的合作空间。关涉"合理营养""平衡膳食""青春期心理健康"等主题的内容，生物学教师和体育教师完全有可能共享借鉴、相互补充。在这样的开放性教研组织中，相同或者不同学科的教师围绕教学生活及专业发展过程中的种种问题真实地表现自我、表达自我；每一个共同体成员都可以借助彼此的力量成长，在专业发展中相互关怀与促动，促进专业知识结构的优势互补，最终实现共同发展。

这些合作型教研组织的出现，可以有效改变传统教研组活动形式化、走过场的问题，体现了对教师专业发展的重视尤其是对青年体育教师的人文关怀，也与西方教师专业共同体相互支持、合作探究、专业引领、同伴互助的理念相吻合。

5. 师徒教师教育模式的改进——体育教师专业共同体构建的一种途径

在现代学校中，初任教师（新教师）入职辅导中，常常采用有经验的教师与初任教师结成对子的办法，对初任教师进行个别辅导。由于这种办法借鉴古代行会中的学徒制，故称其为"师徒制"。对于初任体育教师而言，他们刚刚踏入教师职业，对于身份的转变，存在着心理上的不适应。如何分析和修正自己的体育教育观念，如何进行体育教学准备，如何教具体的运动技术，如何进行课堂管理，如何根据学生生理特点开展教学，等等，都是无可回避的实际问题。如果新体育教师在教学实践中孤立地"做中学"，即使能够掌握一些应急的、维持最低水平的、最基本的教学"求生"知识和能力，也极可能会造成其对体育教学产生一种"畸形"的、窄化的理解，并对自己教学的成果与失败做出错误的诠释。何况，任新体育教师浮沉的"做中学"，会大大延长教学适应的时间，且具有很大的冒险性。这些无疑影响了教师的顺利发展。相比之下，师徒模式是帮助新教师尽快适应教学生活，掌握教学技能，缩短其成长为熟练教师甚至是专家型教师时间的有效方式。师徒制通过一对一合作的方式，为教师们提供了合作的纽带，同时也为新教师搭建了心理建设的缓台。另一方面，师徒的这种影响力是双向的，在徒弟继承了师父经验的同时，师父也可以从徒弟那里获得某种镜映与反馈，使自己亦获得提升。

但是，以"一对一"的形式确立的师徒关系也存在一些不容忽视的问题。其一，不少学校用"拉郎配"的方式把新老教师"捆绑"在一起，"制造"出了"人为合作"的教师文化，并非基于教师的自愿结合和内在需求，致使师徒模式的实施难以产生实效。其二，青年体育教师易被看作"弱势群体"，是老教师帮助、教育、改造的对象，要以被管理者、被发展者的身份接受权威"导师"的教导。所以，师徒之间本真的平等关系变成了一种不平等、不对称关系，应有的平等对话交往被霸权式交往所代替，双向的合作过程变成了单向的"传递"过程。此外，由于受传统教师文化和自身教育经验的影响，许多老教师思想保守、专业化程度不高，而且对新的体育教育理念和方法的接受有阻碍或抵触抗拒，会自觉不自觉地因循守旧，不仅对青年教师的指导不到位，还对青年教师的变革与创新不予鼓励与支持，致使青年教师的个性慢慢被扼杀，创新的火花渐渐熄灭，代际的教学、训练以及学术"扬弃"行为更成为奢望。经过"导师"的系统"训导"和青年教师长期的"模仿"，青年教师会局限于导师狭隘的经验之中，形成关于环境和工作的一套较为固定的心智模式和行为方式，并随着时间的推移和实践训练的反复，逐步沉淀在他们的意识深层，内化为个体思想文化，外化为行为习惯。长此以往，青年体育教师被打造成为与导师如出一辙的"复制品"，必然影响其未来教学专长的发展。凡此种种，都迫切需要对传统的师徒模式进行必要的改造，构建一种新型"师徒制"，以确保为新教师和指导教师的专业发展营造一个更为良好的环境。

将"一对一"的师徒制升华为"多对多"的"师徒群体"，是建构体育教师合作文化，形成体育教师专业共同体的一种有效途径（图6-1）。

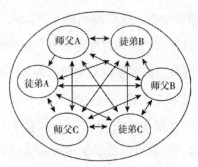

图6-1　师徒群体内的专业互动

由图6-1可以看出，师徒群体教育模式的实施不应拘泥于一对一、手把手地施教和指导，而应是教师间相互学习、共同探讨、思想互相碰撞，从而达到共同发展的过程。在这种新的"师徒制"关系中，多个指导教师和多个新教师构成的合作性的师徒群体，构成了一个特殊的学习共同体。在这个群体中，因为有多个指导教师参加，更有可能避免因为某个指导教师在个人特质上的某些不良倾向而导致新教师的专业成长受到限制。同时，多向度的互动也减少了"一对一"式师徒关系给新教师带来的心理压力，更有可能营造某种亲和的、合作的氛围，使新教师乐于向指导教师们求助。这种师徒模式的实施，打破了体育教学自我封闭的藩篱，营造了开放性探究和对话的氛围，使教师毫无保留地奉献自己的教学知识和智慧，愿意公开自己的困惑和问题，并通过共同探讨、坦诚对话寻求解决策略。这样一个共同体为新老教师提供了一个很好的机会，从理论上讲，这也有助于形成一个研究型、学习型的组织。在这样一个组织中，师徒双方才能在和谐共生中逐步形成自己的体育教育思想，获得各自的专业发展。

# 第三节　专家型体育教师的专业发展

跨入 21 世纪，随着世界范围内教育改革的滚滚浪潮，人们越来越认识到，教育改革成败之关键在于教师，只有教师的不断发展与提高才能保证教育的高质量。因此，人们对于如何促进教师发展的教师研究问题，特别是对教师新手如何更快成长为专家型教师予以强烈的关注。体育教学是学校教育中的一个重要环节，为了追求更高水平的教育品质，体育教学领域伴随着风行全球的教育改革浪潮勠力以赴。特别是在素质教育及新一轮体育基础教育课程改革实施的背景下，体育教育理论工作者提出了各种新的体育教学理念、教学模式、教学策略。但我们看到，体育教育改革的效果并不令人满意，许多体育教学工作者还在重复原有的教学模式、教学方法，学生喜爱体育但不喜欢上体育课的现象还广泛存在。在议论和行动中，大部分人都体会到，只有基层的、一线的、真正在课堂上面对学生的体育教师，才是体育教学改革成败与否的关键。只有一线体育教师专业素养的不断提高及一大批具有多层复合的知识结构和能力结构，具有与时代精神相通的教育理念，富有教育智慧、教育素养的专家型体育教师的出现，先进的体育教育理念才能最终落实到课堂。因此，关怀、支持、指导体育教师的专业成长是当前体育教师教育研究迫切需要探讨的一个问题。

## 一、专家型体育教师的界定

所谓专家，是指对某个领域有专长或对某种学术、技能有特长的人。专家型教师就是具有某种教学专长的教师，而这种教学专长是无法以一个严格的定义来确定所有专家型教师都符合或都不符合的标准的。确切地说，专家型教师彼此之间只具有相似性，正是这一相似性构成了专家型教师这一群体，因而这一群体具有多样性。基于这种理解，斯腾伯格提出了构成专家型教师原型的三个主要特征：（一）专家型教师具有丰富的和组织化的专门知识；（二）专家型教师解决教学问题的效率比新手更高；（三）专家型教师在解决教学领域问题时富有敏锐的洞察力和创造力。我国学者认为专家型教师除拥有传统的"专业特性"，诸如理解本学科的知识及其结构，掌握必要的教学技能等之外，还需要拥有一种"扩展的专业特性"，具体体现为：（一）乐于追求新的自我，具有"自我更新"的信念；（二）善于质疑或与同行探讨自己的教学经验，具有研究自己教学实践的开放的心态和技能；（三）勇于成为有创意的问题解决者，主动建构自己的教学理论。国内对专家型体育教师的研究主要是骨干体育教师与教学新手的比较性研究，认为骨干体育教师与教师新手在课时计划、课堂教学和课后评价等方面有着明显不同。综合当前对专家型教师的理解，结合体育教育学科的特点，专家型体育教师可以描述为那些专业知识扎实，懂得体育教育教学规律，富有教学经验和教育机智，能灵活高效地解决体育教学中的各种问题，且教学富有成效和创造性的体育教师。

## 二、专家型体育教师的主要特征

在对新手体育教师与专家型体育教师进行比较研究的基础上，在当前时代背景下，体育教师职业成熟度的差异主要体现在教育理念、教学策略、教学效能感、教学监控力及教学反思等方面。当前专家型体育教师的特征表现在如下几个方面。

### （一）与时代相通的教育理念

教育理念是教师个人对教育的理解，是经验和行为的理性概括和信念，并以此作为自己专业行为的基本理性支点。专家型体育教师的教育理念，表现为能够在充分认识教育的未来性、生命性和社会性的基础上形成的正确的体育教育观、学生观和教育活动观。

随着教育改革的深入及素质教育的全面推进，专家型体育教师总是注意不断吸收先进的教育观念，提升自己的教育理念。首先，要由以往的"以体育学科为本"转变为"以学生发展为本"，在教学上要由过去以教师为中心的方式转变为在教师指导下以学生为中心的方式上来，关注学生的全面可持续发展，这种转变充分体现了现代社会对学校体育最根本的要求，体现了教育工作最重要的规律，同时也体现了现代教育所具有的主动性、民主性、合作性和多样性等时代特征。其次，树立健康第一的指导思想，通过体育教学使学生在身体、心理和社会适应力等方面都处于良好状态。最后，具有终身体育观，重视培养学生体育态度、兴趣、习惯和体育实践能力，使学生终身享受体育锻炼的益与乐。

### （二）适应时代发展的教学策略

教学策略是教师在一定教学理论指导下为了更好地把知识、技能传递给学生而根据不同的教学情境进行的教学方法选择。现代教育既反对硬性灌输，也反对学生自觉自愿接受影响，而强调让学生在一定的教育环境中的自我存在，即让他们自我建构、自我生存、自我发展。因此，在当前体育教学中专家型体育教师确立的是在教师指导下的"以学生为中心"的教学策略，充分认识学生是知识加工的主体，是知识意义的主动建构者。专家型体育教师能够在不同的教学情境、组织氛围及不同的教育对象等因素的影响下变通地运用不同的教育理论和教学模式，强调学生积极参与，注重学习能力、合作能力的培养，体育教师不再是知识、技能的传授者，而是一个指导者、建议者、帮助者。

### （三）良好的教学效能感

教学效能感是教师在教学活动中对其能有效地完成教学工作、实现教学目标的一种能力的知觉和信念。许多研究表明，教师教学效能感的高低是他们教学效果出现差异的重要原因。体育教师的教学效能感是一种信念，即自己的教学能力和专业知识能影响和帮助学生学会学习、学会健身的信念，表明了教师对自身教学能力的自信程度。教学效能感低的教师，认为学生必须受到控制且不信任学生，教学方法呆板单调，缺乏控制和管理教学情境的能力和随机应变的机智，教学效果较差。专家型体育教师往往表现出良好的教学效能感，在教学中更倾向于采用自由、开放、学生本位、发展导向的策略，在教学中更讲究效率，对新的教学方法也更能接纳，因此，教学效果较好。

### （四）高超的教学监控力

体育教学监控力，是指教师为了保证体育教学的成功及达到预期的体育教学目标，而在体育教学的全过程中，将体育教学活动的本身作为意识对象，不断地对其进行积极主动的计划、检查、评价、反馈、控制和调节的能力。它是体育教师反省思维和批判性思维在体育教学活动中的具体表现。这种能力主要可分为三个方面：一是体育教师对自己教学活动的事先计划和安排。二是有意识的对课堂教学过程进行调节和反馈。三是根据教学实际对教学过程进行调节、校正和有意识地自我控制。专家型体育教师的课时计划只是突出了课程的主要步骤和教学内容，并未涉及一些细节，并且在备课时，专家型体育教师会在头脑中形成包括教学目标在内的课堂教学表象和心理表征，表现出一定的灵活性和预见性。而新教师则比较关注课时计划细节，关心如何完成课时计划而很少考虑课堂情境的变化和学生的需要。在课堂教学过程中，专家型体育教师能够明确制定和执行课堂教学规则，有一套有效吸引学生注意力的方法，能灵活运用多种教学策略。在课后评价上，专家型体育教师关心学生对新知识、新技能的掌握情况和他认为课堂中值得注意的活动。高超的教学监控力是专家型体育教师有效组织课堂教学的保证。

### （五）善于进行教学反思

教学反思是教师以自己的教学活动过程为思考对象，对自己所做出的行为、决策及由此所产生的结果进行审视和分析的过程，是一种通过提高参与者自我觉察水平来促进其教学水平不断提高的过程。许多体育教师从教多年却无所发展，沿用一成不变的教学程序和模式。究其原因，很重要的一点就是缺乏"教学反思"——既无反思意识，也没有掌握反思的策略和方法，更无自我批判的勇气。与普通体育教师相对应的专家型体育教师，直接着眼于教学观念和行为随时代的发展而改变；主张通过自我观察和批判来实现教学观念与行为的改变和教学能力的提高，而不仅仅依赖书本和他人的"忠告"；注重体育教学理论学习与教学实践的相互结合和相互促进，既注重标准化教学理论知识的学习，更注重从教学实践中探索发现有效的教学经验，以发展和形成适合自身特点的教学风格。

## 三、专家型体育教师成长的途径

成长是个体生存状态的质量标准，体育教师专业发展程度越高，其教育工作质量也就越高，教师的培养和提高其实质就是促进新手型体育教师更快成长为专家型体育教师的过程。体育教师专业发展的内在动力是体育教师主体要终身学习，不断改善自身的教育专业素质，外在保证是建立完善的体育师资培训体系。

### （一）体育教师主体要终身学习，不断改善自身的教育专业素质

目前，在体育教师的职业实践中，游离于教育研究之外的被动旁观者、机械适应者、盲目模仿者较多，而自觉将体育教育与研究作为自己职业生活方式的主动参与者、勇于探索者、积极创造者较少；怀抱着旧有惯例，热衷于操作训练，满足于技艺水平者较多，以审美的心态从职业生活中确认生命的价值，体验存在的意义，享受创造快乐的较少；处于"搬运工""教书匠""经验型"层面的教师较多，而"专家型""研究型""反思型"教师较少。这是体育教师职业化程度相对较低的一个重要原因。

体育教师要成长为体育教学的专家，其自身能动性的发挥是前提。体育教师不断提高自身教学水平的需要是体育教师职业发展的根据，是其持续发展的内在动力。在飞速发展的时代背景下，体育教师主要通过终身教育观念的形成与学会学习取得成长，即学会教学来激发其改进教学行为，建立起自身素质需要不断提升的信念，通过自我的不断学习，加强在教学实践中的反思，不断提高自身的体育教学能力。只有在体育教师充分发挥其主动性、能动性的前提下才能最终保证体育教师职业的持续发展。从当前教师教育实践来看，

体育教师参与体育教育科研活动能够有效地促进其专业发展，是其最终成长为专家型体育教师的很好方法。这主要体现在：1. 通过大力开展教育研究活动可以使体育教师进一步掌握教育规律，了解教育发展的新趋势，提高教师对教育理论的认识和工作责任感。2. 可以不断拓宽体育教师的知识领域，使体育教师在加强对本体性知识学习的同时不断提高对条件性知识的认识，并加强对实践知识的总结与提高。3. 通过教育科研活动能够激发体育教师的内在动力，增进其自我学习、自我发展的需要，成为体育教师职业发展的不竭的动力源泉。4. 可以了解时代前沿的体育教育科研成果，校正自己头脑中一些陈旧的教育观念，提升自己的教育理念，提高将知识转化为智慧、将理论转化为方法的能力，提高将学科知识、教育理论和现代信息技术有机整合的能力，并通过教学反思不断提高教学策略的运用能力，形成良好的教学效能感，提高教学监控力。

### （二）建立完善的体育师资培训体系是保证

体育教师的专业发展是一个过程，体育教师成长为专家型体育教师的过程中需要有一定的调节机制，有一个完善的管理制度与措施，这样才能真正促进体育教师职业的发展。那么这个能够促进教师专业成熟的机制应该包括哪些方面呢？根据终身教育思想和教师职业生涯的研究成果，教师个体的成长是终生职业社会化的过程，在不同的阶段有着不同的职业发展需求。通过满足教师发展的阶段需求，又体现了终身教育的整体性，从教师个体发展的历程来看，应针对教师个体专业发展的需要，设计一体化的教育内容。传统的体育师资培训由于对体育教师在成长过程中何时、何地、何种情景下会遇到何种问题，他们需要何种类型、何种程度的帮助不甚清晰，对教师缺少一种发展观。因此，无论在教师发展的哪一阶段，教师教育均提供大同小异的帮助，其结果自然不会理想。

体育教师专业的发展，尤其要加强教师的入职教育和在职培训。就是以终身教育思想为指导，根据教师专业发展的理论，对教师职前培养、入职教育和在职培训进行全程的规划设计，建立起教师教育各个阶段相互衔接，既各有侧重又有内在联系的体育师范教育体系。体育师范教育并不仅限于职前的师资培养阶段，而应一直延伸到体育教师专业生涯的各个阶段，体育师范教育应为体育教师专业发展的全过程提供支持，至少包括三个连续的阶段，即职前培养、入职教育和在职培训。1. 职前培养阶段。这是对师范生进行教师职业定向型素质教育的过程。它为学生毕业后从事体育教师职业奠定必要的专业成长和可持续发展的基础，将学生培养成一名准教师。它的教学内容应包括通识教育、学科专业教育和教师专业教育。它所追求的，就是向教育认知结构、专业精神和教育能力的目标演进。2. 入职教育阶段。这阶段的时间跨度为新教师到岗起 1~3 年，这阶段的目标是帮助师范生从准教师转变为合格体育教师。这一阶段是我国体育教师职业素养形成过程中曾经被忽视的一个阶段，需要对其培养模式和内容给予关注；这阶段的教育内容是侧重于帮助新教师热爱体育教师职业，将大学学习的各种体育教学理论知识与教育教学实践结合起来，逐步熟悉掌握体育教育教学的规律。3. 在职培训阶段。目前我国已开始重视这一阶段的教育，这个阶段要根据体育教师专业发展的不同阶段，区别各个不同阶段体育教师的需要，有针对性地开展各种培训。例如，对已熟练驾驭课堂，但又不安于现状，有意通过改革和实验来提高自己的教育教学能力的体育教师来讲，他们最需要的是教育研究与实验的科学方法、现代化的教育学科发展的新进展等。所以，可以通过鼓励攻读硕士学位、参加专业学术研究会、骨干教师进修等，满足体育教师继续学习和研究的需求。

总之，体育教师的专业发展是一个漫长的、动态的、纵贯教师生涯的历程，是螺旋式上升的过程，是体育教师不断超越自我和发展自我的历程。在当前素质教育的时代背景下，体育教师要与时俱进，在完善的体育师资培训体系下，通过大力参与体育教育科研活动才能更快地适应专业性角色并最终成长为专家型、研究型的体育教师。

# 思考与练习

1. 简述"阳光体育运动"有效实施的动力机制。

2. 体育教师教学合作互助式发展的路径有哪些？

3. 专家型体育教师是如何界定的？

4. 专家型体育教师成长的途径有哪些？

# 参考文献

[1]1.朱峰,宁雷.21世纪体育教师[M].沈阳:东北大学出版社,2009.

[2]张德福,崔永智.外国体育简史[M].北京:人民日报出版社,1993.

[3][美]戴尔·古德.康普顿百科全书[M].中国商务印书馆美国康普顿知识出版社,2005.

[4]陈荫生,陈安槐.体育大辞典[M].上海:上海辞书出版社,2006.

[5]程方平.国外教师问题研究[M].沈阳:沈阳出版社,2000.

[6]刘坚.21世纪初美国基础体育师资培养标准的研究[J].北京体育大学学报,1999(12):66-68.

[7]黄爱峰.体育教育专业的发展与改革[M].武汉:华中师范大学出版社,2008.

[8]陈宁.高等体育院校办学特性和模式的研究[D].华中科技大学,2005.

[9]黄镇敏.中小学优秀体育教师的特征及影响因素的研究[D].江西师范大学,2005.

[10]周登嵩.学校体育学[M].北京:人民体育出版社,2004.

[11]王健.学校体育学[M].北京:人民体育出版社,1994.

[12]肖汉仕.心理素质的结构及其内外关系[J].中国教育学刊,1999(4):26.

[13]黄丽娟.广州市中学优秀体育教师素质特征及培养研究[D].广州大学,2012.

[14]周珂.中学体育教师职业认同研究[J].河南大学学报,2010:3.

[15]王铁军,等.名师成功:教师专业发展的多维解读[J].课程·教材·教法,2005(12):70-78.

[16]金季春,译.世界体育教育峰会[C].北京:北京体育大学出版社,2002:68.

[17]周登嵩.我国优秀体育教师成长规律的阶段与促进因素的研究[J].体育科学,1994,-14(6):10-15.

[18]国家教委.学校体育工作条例[S].中华人民共和国国家教育委员会令第8号,1990-03-12.

[19]蒋晓丽.体育教师专业化与体育教师专业化研究[J].体育科技,2006(2):9-12.

[20]马克思.马克思恩格斯选集第2卷[M].北京:人民出版社,1995.

[21]何珈,郭杨,李英玲.学校体育政策的本质研究[J].才智,2010(09):203.

[22]曲宗湖.建设一支"科研型"体育教师队伍的遐想[J].体育教学,2001(6):1.

[23]陈作松,季浏.新体育课程的实施对体育教师提出的新要求[J].北京体育大学学报,2004,27(3):370-371.

[24]卢元镇.体育社会学[M].北京:高等教育出版社,2001:132.

[25]杨启亮.体验智慧:教师专业化成长的一种境界[J].江西教育科研,2003(10):3-6.

[26]佐藤学.课程与教师[M].钟启泉,译.北京:教育科学出版社,2003.

[27]刘捷.建构与整合:论教师专业化的知识基础[J].课程·教材·教法,2003(4):60-64.

[28]范良火.教师教学知识发展研究[M].上海:华东师范大学出版社,2003.

[29]辛涛,申继亮,林崇德.从教师的知识结构看师范教育的改革[J].高等师范教育研究,1999(6):12-17.

[30]张小民.改善体育教师知识结构的设想[J].辽宁工程技术大学学报(社会科学版)2002(4):111-112.

[31]盖建武.对高等院校体育教师知识结构最佳模式的研究[J].体育学刊,1999(3):23-27.

[32]张琴,邓树勋,刘绍曾,等.未来中学体育教师的知识结构[J].体育学刊,2001(3):93-96.

[33]朱益明.教师培训的教育学研究[D].上海:华东师范大学,2004:75.

[34][加]康内利,等.专业知识场景中的教师个人实践知识[J].华东师范大学学报(教育科学版),1996(2):6.

[35]何菊玲.教师教育范式研究[D].西安:陕西师范大学,2008:122.

[36]黄丽锷.专业学习共同体:一个校本的教师发展途径[J].上海教育,2006(5):27.

[37]Perry,N.E,Walton,C.,Calder,K. Teachers developing assessments of early literacy:A community of practice project[J].Teacher Education and Special Education,1999,22(4):218.

[38]刘雪飞."有机团结"理论与教师专业共同体建构[J].教育发展研究,2007(11):60-61.

[39]钱旭升,等.教师个体专业发展与教师群体专业发展[J].教育科学,2007(4):29.